共和国不会忘记

海地地震遇难中国维和警察

纪念文集

公安部政治部 编

群 众 出 版 社

　　2010年1月19日，在美国纽约中国常驻联合国代表团驻地，为悼念在海地地震遇难的八位中国维和警察，中国常驻联合国代表团下半旗志哀。

　　2010年1月17日，在海地太子港，中国维和警察防暴队队员为遇难者送行。

　　2010年1月18日，公安部设立灵堂，与社会各界共同缅怀悼念在海地地震中牺牲的八名维和英烈。

　　2010年1月19日，根据国旗法相关规定，为悼念八位海地地震遇难中国维和警察，公安部下半旗志哀。

　　2010年1月19日，礼兵和亲属护送八位烈士的灵柩，灵柩上覆盖着中华人民共和国国旗。当日，专程接运在海地地震灾害中遇难的八位中国维和警察灵柩的专机抵达北京首都国际机场。

　　在海地地震中遇难的八名中国维和警察的灵柩 2010年1月17日由中国南方航空公司一架包机运送回国。海地时间 2010年1月17日9时36分（北京时间22时36分），搭载遇难人员灵柩的南航包机从海地太子港机场起飞，北京时间2010年1月19日上午抵达北京首都国际机场。

　　2010年1月19日，专程接运在海地地震灾害中遇难的八位中国维和警察灵柩的专机抵达北京首都国际机场。这是维和警察代表打出悼念战友的横幅。

　　2010年1月19日，群众自发守候在通往北京八宝山殡仪馆的路口迎接英烈的灵柩。当日，八位海地地震遇难中国维和警察的灵柩搭乘专机抵达北京。

2010年1月20日，向海地地震遇难中国维和警察遗体送别仪式在北京八宝山革命公墓礼堂举行。

2010年1月20日，向海地地震遇难中国维和警察遗体送别仪式在北京八宝山革命公墓礼堂举行。这是在八宝山革命公墓礼堂外参加送别仪式的人群。

中国维和警察防暴队队员在海地搜捕当地武装分子。

2009年6月13日，中国第八支赴海地维和警察防暴队队员抵达位于海地首都太子港的驻地营区，受到第七支防暴队战友的欢迎。

共和国不会忘记

——为纪念海地地震遇难中国维和警察诗文集而作

北京时间 2010 年 1 月 13 日 5 时 53 分许，海地首都太子港发生里氏 7.3 级强烈地震，造成重大人员伤亡和财产损失。正在当地与联合国秘书长海地问题特别代表商谈国际维和工作的中国公安部维和工作组及中国第八支赴海地维和警察防暴队的朱晓平、郭宝山、王树林、李晓明、赵化宇、李钦、钟荐勤、和志虹同志不幸遇难，以身殉职。这 8 位同志肩负祖国的重托，远赴海地执行维和任务，把自己宝贵的生命献给了世界和平事业。他们是全国公安民警的优秀代表，是中华民族的优秀儿女，是世界和平的忠诚卫士！

党和国家以及全国人民给予我牺牲维和警察以崇高礼遇。1 月 19 日，接运 8 位英烈灵柩的专机回国，中共中央政治局常委、中央政法委书记周永康同志代表党中央、国务院和胡锦涛总书记前往北京首都机场迎接。1 月 20 日，胡锦涛总书记等中央政治局全体常委、近百名党和国家领导人、近千名党政军群团组织领导同志前往八宝山革命公墓，与首都各界群众一道，深情送别 8 位维和英烈。全国各地不计其数的群众以不同形式参加了吊唁悼念活动，人民网、新浪网、公安部政府网站分别有百万网民通过"网上灵堂"向英烈献花。国务院、中央军委下发命令，追授李钦、钟荐勤、和志虹同志"维和英雄"荣誉称号；人力资源和社会保障部、公安部联合决定，追授朱晓平、郭宝山、王树林、李晓明、赵化宇同志"全国公安系统一级英雄模范"荣誉称号。

我国是一个爱好和平的社会主义国家，维护世界和平是我们的神圣使命。派遣维和警察参与联合国维和行动，是我国履行国际义务、发挥我作为联合国常任理事国作用、展示我负责任大国形象的重要体现。2000 年以来，我国已向东帝汶、苏丹、科索沃、海地等 7 个国家和地区派遣维和警察 1569 人次。中国维和警察在政治环境复杂、工作任务危险、生活条件艰苦的特殊战场上，不怕牺牲、恪尽职守、纪律严明、作风过硬，以实际行动践行了"忠诚、拼搏、团结、奉献"的中国维和警察精神，展现了我威武之师、文明之师、和平之师的良好形象，受到了联合国和驻在国民众的高度赞扬，为祖国赢得了荣誉。海地地震中牺牲的 8 位英烈就是其中的杰出代表。他们的奉献牺牲，集中展示了新时期人民警察良好的精神风貌，我们为公安队伍拥有这样的英雄模范而感到自豪！

　　在维和英烈魂归故里之际，公安部政治部组织群众出版社隆重推出纪念海地地震遇难中国维和警察诗文集，分别收录了党和国家领导人对遇难维和英烈高度重视、深切关怀的相关报道，维和英烈的战友、同事、朋友以及社会各界人士所作的纪念诗文。这些诗文哀思浓郁、敬意诚挚，感人至深、催人奋进，殊值悉心品读。愿以此诗文集的出版，告慰 8 位维和英烈的在天之灵，激励中国维和警察和广大公安民警团结奋进、再立新功，为维护国家安全和社会稳定、为维护世界和平做出新的更大的贡献！

　　是为序。

孟建柱

二〇一〇年三月

目　　录

第一辑　英灵永存

1

第二辑　为了和平的牺牲

第三辑　永远的纪念

3

4

第一辑

英灵永存

忠魂不泯　浩气长存

一场突如其来的地震，让海地旋即再次成为世界瞩目的中心。八名中国维和工作人员在地震中遭遇险情，失去联系，他们的安危牵动着全国公安民警的心，也牵动着全国人民的心……

海地，这个面积约 2.78 万平方公里的加勒比海岛国，因贫穷和战乱而闻名世界；中国的广大民众熟知这个国家的名字，更多是因为一支担负维护世界和平神圣使命的队伍——中国维和警察防暴队。

2010 年 1 月 13 日

当地时间 1 月 12 日下午 4 时 50 分（北京时间 1 月 13 日 5 时 50 分），海地发生 7.3 级地震，首都太子港及全国大部分地区受灾情况严重。位于太子港的联合国驻海地稳定特派团总部大楼倒塌，当时正在楼内同联合国官员举行会谈的我公安部赴海地维和工作组四名人员及我驻海地四名维和警察被埋入大楼废墟，下落不明。

这八名人员分别是：朱晓平，男，48 岁，公安部装备财务局局长；郭宝山，男，60 岁，公安部国际合作局副局长；王树林，男，58 岁，公安部装备财务局调研员；李晓明，男，35 岁，公安部国际合作局干部；赵化宇，男，38 岁，公安部警务保障局副处长，驻海地民事警察队长；李钦，男，47 岁，云南公安边防总队参谋长，驻海地维和警察防暴队政委；钟荐勤，男，35 岁，云南公安边防总队宣传处干事，驻海地维和警察防暴队宣传官；和志虹，女，35 岁，云南公安边防总队昆明边防检查站教导员，驻海地维和警察防暴队联络官。

公安部第一时间向中央报告了海地地震及我驻海地人员情况。中央领导同志高度重视，胡锦涛、温家宝、周永康和孟建柱均就海地地震应急处置工作作出重要指示，要求前方救援人员全力搜救失去联系人员。

公安部部长孟建柱指出，中国赴海地维和工作组的八位同志，是我们派出的优秀干部，也是 200 万公安民警的杰出代表，他们是肩负国家使命，在执行国际维和任务的过程中身陷险境的。孟建柱反复强调，要始终把抢救他们的生命放在第一位，只要有百分之一的希望，就要做百分之百的努力，继续施救，决不放弃，直到发现和救出每一位同志。

根据孟建柱部长的指示和具体部署，公安部党委副书记、常务副部长杨焕宁，部党委委员、副部长孟宏伟，部党委委员、政治部主任蔡安季先后于 13 日上午和中午两次召开紧急会议，专题研究海地地震及我方救援的有关工作。

根据部署，公安部迅速成立由部党委委员、副部长孟宏伟，部党委委员、政治部主任蔡安季，部党委委员、副部长黄明牵头组成的应急小组，全面协调、紧急部署相关工作。

13 日上午，杨焕宁直接与我海地维和警察防暴队通话，了解情况，对救援工作作出指示。公安部党委委员、副部长刘德、黄明也多次对救援和处置工作提出要求。

13 日 8 时 10 分，孟宏伟接到报告后立即指示，尽快派出增援人员赶到现场参加救援，车走不了就徒步前进。14 时 40 分，孟宏伟通过海事卫星电话直接与我海地维和警察防暴队通话，指出当前抢救人员是第一位的，防暴队必须全力以赴抢救被埋人员。

遵照部领导指示，公安部国际合作局与前方维和防暴队通电话，任命防暴队队长刘建宏为前方总指挥，负责救援及防暴队营区安全工作。要求其在确保安全的前提下，组织队员徒步前往联海团总部大楼寻找、救援我被埋人员。

国务委员、公安部党委书记、公安部部长孟建柱非常关注前方救援情况，多次打电话给公安部指挥中心和前方询问情况，指导搜救工作；每天主持召开一次会议，研究部署前方搜救工作。

2010 年 1 月 14 日

北京时间 1 月 14 日下午，中国国际救援队抵达海地首都太子港。所有人的目光聚焦在银屏前，等待着八名失踪人员生还的消息。"一有最新进展，就立即告诉我们。"国务委员、公安部部长孟建柱每天都要多次询问救援进展，部署指导救援工作。仅在 14 日这天，孟建柱就四次给公安部应急小组领导和公安部指挥中心打电话。公安部还召开了两次紧急会议，专题研究海地地震及我方救援工作。然而，另外一个事实又让人们的心揪得更紧：八名维和警察在四楼开会，上面的三层楼全部坍塌压下来，人员生还的可能性极小，同时大型救援设备缺乏，导致救援进展缓慢。

2010 年 1 月 15 日

15 日 8 时 30 分许，中国搜救队清理到联海团总部大楼的五层。由于没有大型机械，清理十分艰难。

"要不惜一切代价，继续全力开展搜救工作！"北京时间 15 日 22 时 30 分，在搜救我被埋维和警察的关键时刻，国务委员、公安部部长孟建柱在公安部指挥中心通过海事卫星电话指导公安部赴海地救援工作组的搜救工作。

"党中央、国务院和全国人民十分关心你们，请把这份关心带给每一位救援队员。"救援工作进展到哪一步，还有什么困难……电话中，孟建柱向搜救现场的公安部赴海地救援工作组组长、国际合作局局长刘志强详细询问了最新搜救进展情况。

"你们辛苦了！"孟建柱向远在地球另一端的救援队员们转达了党中央、国务院的问候。他说："海地强震发生后，你们第一时间奔赴海地，克服重重困难，争分夺秒开展救援工作，在现场连续工作了 50 多个小时，非常辛苦，你们是好样的！"

孟建柱说："虽然远隔重洋，但是你们的救援工作却牵动着全国公安民警的心，也牵动着全国人民的心。现在距离地震发生时间已经 65 个小时，搜救工作进入最紧张的关键时刻，只要有百分之一的希望，就要做出百分之百的努力。希望你们发扬中国维和警察的优良作风，珍惜每一分每一秒，不畏艰险、连续作战、全力搜救。同时，要加强与其他国家在海地救援力量的合作，齐心协力开展施救工作。"

通话中，孟建柱还叮嘱前方救援队员："希望你们在抢救战友的同时，也要做好安全防范，注意自我保护。"

2010 年 1 月 16 日

海地时间 16 日凌晨 3 时 30 分，前方救援人员挖出第一具中方失踪人员遗体，根据衣服等特征初步判断为公安部装备财务局调研员王树林；早晨 7 时 12 分挖出第二具，根据胸牌姓名确认为中国驻海地维和警察防暴队队员钟荐勤……至 14 时 58 分，八具遗体全部被挖出，最后一具遗体被确认为公安部装备财务局局长朱晓平。

3 时 30 分，搜救队挖出第一具中方失踪人员（王树林）遗体。

7 时 12 分，搜救队挖出第二具中方失踪人员（钟荐勤）遗体。

11 时 07 分，搜救队挖出第三具中方失踪人员（李钦）遗体。

11 时 35 分，第四具中方失踪人员（郭宝山）遗体被挖出。

11 时 58 分，第五具中方失踪人员（和志虹）遗体被挖出。

12 时 03 分，第六具中方失踪人员（李晓明）遗体被挖出。

14 时 38 分，中国驻海地维和警队队长赵化宇的遗体依据胸牌得到确认。

14 时 58 分，最后一具遗体被确认为公安部装备财务局局长朱晓平。

经 94 小时全力搜寻，八名中方失踪人员的遗体全部被找到。

2010 年 1 月 17 日

1 月 17 日，中国八位在海地地震中遇难人员的遗体搭乘中国南方航空公司包机，启航回国。

1 月 17 日，在海地太子港，中国维和警察防暴队队员为遇难者送行。当日，中国国际救援队及中国维和警察防暴队举行仪式，送别在海地地震中遇难的公安部赴海地维和工作组四名成员和四名驻海地执行联合国维和任务的中国警察的遗体。

1 月 17 日，中共中央总书记、国家主席、中央军委主席胡锦涛向我在海地地震中不幸遇难人员表示沉痛哀悼，向遇难人员亲属表示深切慰问，并要求有关方面全力做好善后工作。

中共中央政治局常委、国务院总理温家宝，中共中央政治局常委、国家副主席习近平，中共中央政治局常委、中央政法委书记周永康也就做好善后工作作出指示。

1 月 17 日，公安部紧急召开党委会议，国务委员、公安部党委书记、公安部部长孟建柱要求以最快速度将牺牲民警的遗体运回祖国。当日晚，搭载着八位遇难人员遗体的中国南方航空公司包机从海地首都太子港起飞，飞机经停美国迈阿密机场和安克雷奇机场，预计 19 日上午抵达北京首都国际机场。

公安部赴海地维和牺牲民警治丧委员会于 17 日成立。

2010 年 1 月 18 日

18 日凌晨，听到我在海地地震中八名被埋人员的遗体已全部找到并启运回国的消息后，中共中央政治局常委、国务院总理温家宝打电话给公安部，对不幸遇难的维和人员表示深切哀悼，向遇难同志家属表示亲切慰问。他说，这八位民警是为了维护世界和平而牺牲的，他们都是祖国的优秀儿女。他嘱托公安部的同志认真做好相关善后工作，一定要照顾好遇难同志家属的生活。

18日，公安部赴海地维和牺牲民警灵堂设立。孟建柱与在京部党委成员集体前往灵堂，沉痛哀悼八位维和英烈，八名维和英烈生前战友、同事、朋友也纷纷来到灵堂悼念。

灵堂设在警察博物馆的大厅，外面有武警战士值守。

灵堂内肃穆安静，哀乐低回。灵堂正面墙壁的幔帐上挂着"维和英烈千古"的横幅，横幅下面是朱晓平、郭宝山、王树林、李晓明、赵化宇、李钦、钟荐勤、和志虹同志的遗像。

灵堂刚一开放，前来吊唁的第一批同志穿着整齐的警服，佩戴白色绢花，整齐划一地出现在灵堂前的台阶下，缓步走进灵堂。"一鞠躬、再鞠躬、三鞠躬"，他们向八位维和英烈表达深切的哀思。

18日13时50分，国务委员、公安部部长孟建柱胸前佩戴白色绢花，缓步走进灵堂。在灵堂门口，摆放着刊登八位英雄照片和事迹的报纸，孟建柱驻足良久，神情悲痛。低沉的哀乐声中，孟建柱走到灵堂内悬挂的英雄遗像前，肃立默哀，深深鞠躬。

当天，前来吊唁的人群络绎不绝，包括公安部各局机关的民警，不少民警流下了泪水。

下午，灵堂前仍然络绎不绝的人们在哀乐声中缓步走到英烈的遗像前，肃立默哀，向八位英烈的遗像深深三鞠躬。

2010 年 1 月 19 日

1月19日，中共中央政治局常委、中央政法委书记周永康代表党中央、国务院和胡锦涛总书记来到北京首都国际机场，迎接在海地地震灾害中遇难的八位中国维和警察的灵柩。

上午10时40分许，载着八位烈士灵柩的专机徐徐滑到停机坪上。覆盖着中华人民共和国国旗的烈士灵柩由80名礼兵缓缓抬下专机，迎接的人群中不时发出难以抑制的抽泣声。

10时57分，迎接海地地震遇难中国维和警察灵柩回国仪式正式开始，全场肃立，周永康等神情凝重地向八位烈士灵柩三鞠躬。

仪式上，周永康发表重要讲话。他充满深情地说：八位同志肩负祖国的重托，远赴海地执行维和任务，把自己宝贵的生命献给了世界和平事业。他们是全国公安民警的优秀代表，是中华民族的优秀儿女。对于他们的奉献和牺牲，祖国人民永远不会忘记，海地人民永远不会忘记，世界人民永远不会忘记。

国务委员、公安部部长孟建柱主持仪式时说，八位烈士为维护世界和平事业献出了最宝贵的生命，他们是中国警察的骄傲，也是中国人民的优秀儿女，是全国民警学习的榜样，他们永远活在我们心中。我们要化悲痛为力量，继承英雄遗志，踏着英雄的足迹为建设中国特色社会主义而努力奋斗。

伴随着哀婉的乐声，八位烈士的灵柩在怀抱亲人遗像的亲属护送下，由礼兵缓缓抬放上灵车。周永康等领导同志目送灵车离去。

1月19日，公安部下半旗志哀。当灵车途经公安部门前，烈士的战友们涌到路边，满含热泪向烈士致敬。灵车驶过长安街沿线时，各界群众自发驻足在街道两侧，悲痛地望着灵车驶向八宝山革命公墓。

2010 年 1 月 20 日

1月20日上午，胡锦涛、吴邦国、温家宝、贾庆林、李长春、习近平、李克强、贺国强、周永康等党和国家领导人来到八宝山革命公墓礼堂，同首都各界群众一道，深情送别在海地地震中不幸遇难的朱晓平、郭宝山、王树林、李晓明、赵化宇、李钦、钟荐勤、和志虹等八位中国维和警察。

八位中国维和警察遇难后，胡锦涛、江泽民、吴邦国、温家宝、贾庆林、李长春、习近平、李克强、贺国强、周永康等党和国家领导人以不同方式，向遇难烈士表示沉痛哀悼，并向烈士亲属表示深切慰问。

隆冬的北京寒意袭人。20日一早，各界群众冒着严寒自发前往八宝山革命公墓，在礼堂外排起长长的队伍，怀着悲痛心情，送烈士最后一程。

八宝山革命公墓礼堂里，素花环绕，哀乐低回，气氛庄重肃穆。正厅上方，悬挂着黑底白字的横幅"沉痛悼念海地地震遇难中国维和警察"；横幅下方，鲜花翠柏簇拥着八位烈士的遗像，两名礼兵护卫在两旁。八位烈士的遗体安卧在缀满白菊的灵柩中，灵柩上覆盖着神圣的中华人民共和国国旗。大厅两侧，摆满了人们敬献的花圈，寄托着对烈士的无限哀思。

上午9时许，胡锦涛、吴邦国、温家宝、贾庆林、李长春、习近平、李克强、贺国强、周永康、刘淇、刘云山、李源潮、徐才厚、令计划、华建敏、马凯、孟建柱、戴秉国、廖晖、钱运录等胸佩白花，袖戴黑纱，在如泣如诉的哀乐声中慢步来到八位烈士的灵柩前，肃立默哀，向烈士灵柩三鞠躬。

接着，胡锦涛等围着烈士灵柩缓缓绕行一周，向八位烈士作最后的送别，然后走到八位烈士的亲属面前，同他们一一握手，向他们表示深切的慰问。

（综合新华社电及《人民日报》、《人民公安报》等有关报道）

"尽一切力量解救被困同志！"

王文硕

1月15日上午11时，公安部指挥中心大厅内，人们在焦急地等待，等待远方战友们的音讯。

当地时间1月12日下午，海地发生7.3级地震。高楼夷为平地，满目疮痍。发生地震时，正在联合国驻海地稳定特派团总部大楼4楼的8名中国维和警察遇险，与组织失去联系。

1月13日5时，公安部迅速成立应急工作小组，紧急开展相关救援工作。远在大洋彼岸的灾难，牵动着亿万中国民众的心。

由于地震，海地当地的电网已被破坏，救援队只能利用自带的发电设备进行发电，保证夜间照明，不间断开展搜救工作。海事卫星电话受到地震影响，只能缓慢接收海地的信号。

11时40分，公安部办公厅副主任、新闻发言人武和平终于与中国驻海地第八支维和警察防暴队队长刘建宏接通了海事卫星电话。

"建宏同志，孟建柱部长非常关心前方的救援情况，他请你转告在前线参加救援的同志们：一定要尽一切力量解救被困的同志！要求你们克服前线的各种困难，务必把同志们救回来！全国的战友无时无刻不在关注着你们！"

"感谢祖国的关心，请祖国和战友们放心！现在，各种力量在积极组织救援，我们绝不放弃一丝一毫的希望！"电话另一端，挖掘机轰隆作业的巨响依然挡不住刘建宏声音中的坚毅与决心。

"目前情况怎么样？"

"我方救援队已经接近了压埋的位置，清理到这栋大楼的5层，正向被埋人员的楼层进一步清理。"但是，由于没有大型机械，清理十分艰难。

此时的海地，气温高达30多摄氏度。救援队官兵已经连续工作了10多个小时，目前仍在奋力抢救。地域的阻隔无法阻拦家乡父老对祖国战士们的牵念，人们期盼着前方传来的每一个消息。

　　"建宏同志，部领导要求我转告你们：在抢救的同时，也一定要注意你们自身的安全!"听到话筒那端嘈杂的声音，武和平紧紧握着电话，像是又一次握住战友们的手。

　　"感谢部领导的关心，我们一定尽全力进行救援!"带着祖国的嘱托，刘建宏又投入到了紧张的现场救援当中。

（摘自《人民公安报》，2010 年 1 月 16 日）

聚焦海地：跨越时空的生命大营救

刘学刚　陈祥林

海地，这个面积约 2.78 万平方公里的加勒比海岛国，因贫穷和战乱而闻名世界；中国的广大民众熟知这个国家的名字，更多是因为一支担负维护世界和平神圣使命的队伍——中国维和警察防暴队。

北京时间 1 月 13 日早晨 5 时 50 分（海地当地时间 1 月 12 日下午 4 时 50 分），海地突发里氏 7.3 级强烈地震，位于海地首都太子港的联合国驻海地稳定特派团（联海团）总部大楼发生坍塌，正在大楼 4 楼开会的 8 名中国维和人员被证实未能撤出，并与营区失去联系。

地震发生时，正在大楼外现场执行警戒任务的 13 名中国维和防暴队员目睹了大楼坍塌的全过程。他们迅速上报震情，并不顾余震接连不断的险情，立即对 8 名失去联系的维和人员展开救援⋯⋯

中国维和工作人员遭遇险情的信息迅速传回国内，上至中央领导，下至普通百姓，无不为之揪心。一场跨越时空的大营救迅即展开。

中央领导同志批示全力搜救，应急小组火速组织救援

公安部第一时间向中央报告了地震及我驻海地人员情况。中央领导同志高度重视，胡锦涛、温家宝、周永康和孟建柱均就地震应急处置工作作出重要指示，要求前方救援人员全力搜救失去联系人员。国务院还召开紧急会议。

公安部认真贯彻中央领导同志和国务院紧急会议精神，根据孟建柱部长的指示和具体部署，公安部党委副书记、常务副部长杨焕宁，部党委委员、副部长孟宏伟，部党委委员、政治部主任蔡安季先后于 13 日上午和中午两次召开紧急会议，专题研究海地地震及我方救援有关工作。

根据部署，公安部迅速成立由部党委委员、副部长孟宏伟，部党委委员、政治部主任蔡安季，部党委委员、副部长黄明牵头组成的应急小组，全面协调、紧急部署相

关工作。

13 日上午，杨焕宁直接与我海地维和警察防暴队通话，了解情况，对救援工作作出指示。公安部党委委员、副部长刘德、黄明也多次对救援和处置工作提出要求。

13 日 8 时 10 分，孟宏伟接到报告后立即指示，尽快派出增援人员赶到现场参加救援，车走不了就徒步前进。14 时 40 分，孟宏伟通过海事卫星电话直接与我海地维和警察防暴队通话，指出当前抢救人员是第一位的，防暴队必须全力以赴抢救被埋人员。

遵照部领导指示，公安部国际合作局与前方维和防暴队通电话，任命防暴队队长刘建宏为前方总指挥，负责救援及防暴队营区安全工作。要求其在确保安全的前提下，组织队员徒步前往联海团总部大楼寻找、救援我被埋人员。

经过紧张跋涉，我在海地营区 20 名维和防暴队队员于北京时间 13 日 15 时 50 分（当地时间 13 日凌晨 2 时 50 分）徒步抵达坍塌现场。北京时间 1 月 13 日 16 时 50 分（当地时间 13 日凌晨 3 时 20 分），第二批 20 名防暴队员抵达现场展开救援……

孟建柱部长连线海地，要求"做出百分之百的努力"

连日来，国务委员、公安部党委书记、部长孟建柱非常关注前方救援情况，多次打电话给公安部指挥中心和前方询问情况，指导搜救工作；每天主持召开一次会议，研究部署前方搜救工作。"一有最新进展，就请立即告诉我们。"孟建柱在电话中再三叮嘱前方救援工作组。

15 日晚 10 时 30 分，孟建柱来到公安部指挥中心，通过海事电话与正在海地进行现场救援的国际合作局局长刘志强通话，了解救援进展情况。

"现场救援指挥部就设在离坍塌大楼只有 10 多米距离的地方！"刘志强在电话中说，"所有救援工作组人员都在现场，我们正在尽全力搜救！"

孟建柱部长说："要不惜一切代价，继续全力开展搜救工作！只要有一线希望，就要做出百分之百的努力！"

救援受阻，八名同志可能被深埋于联海团大楼废墟下

我 8 名驻海地维和人员因地震而失去联系的消息一传出，立刻引起了全国人民的关注。截至 1 月 14 日 7 时，搜狐、新浪、网易、腾讯 4 家网站中，网民们的各种评论数量已经达到 2 万余条。网民纷纷为地震灾区的人员祈福，尤其盼望中国的受困人员能平安脱险。

北京时间 1 月 13 日 18 时 30 分，防暴队报告：仍无我被埋 8 人消息。

根据前方汇报，由于地震造成道路被毁、通信中断，一些大型救援机械尚无法及时开进，救援人员只能采用定点搜寻的方式进行搜救，进展缓慢。

为加快救援进度、为营救受困人员争取宝贵的时间，当晚 8 时 30 分，根据中央统一安排，公安部派出国际合作局局长刘志强、边防局副局长周书奎、消防局副局长王沁林率公安部救援工作组一行 7 人随国家救援队乘专机前往海地，参与救援指挥。

截至北京时间 1 月 14 日凌晨 3 时许，我在海地人员有 47 名防暴队员及维和工作组成员共 48 人在坍塌现场实施救援；7 名防暴队员承担外围警戒任务；65 名防暴队员、16 名民事维和警察及公安部维和工作组成员在营区内待命，准备随时增援。

截止到 1 月 15 日 18 时 30 分，公安部赴海地救援组、我国际救援队和赴海地维和防暴队已在现场不间断全力搜救了近 40 个小时。目前，我维和警察防暴队营区内不仅设有营地，还聚集了我驻海地商代处、中资公司、当地华人等人员，后勤保障和警卫任务很重。我小部分机动警力还承担在海地总理府前开展医疗救治工作。

据了解，现场已陆续挖出数具遇难者遗体，但均非我被埋人员。现场救援工作人员说，8 名同志可能被深埋于联海团大楼废墟下。

国际救援力量通力合作

地震发生当日，公安部就紧急约见美国国土安全部驻华代表，并与美国驻华使馆地区安全官办公室进行热线联络，商请美方救援队对我 8 名在海地地震中受困的人员实施紧急救援。

各国救援力量随后陆续赶赴废墟现场。13 日，巴西派往现场救援的工兵连就达到 300 余人。1 月 14 日凌晨 2 时 30 分，联海团开始在总部大楼坍塌现场使用大型挖掘设备实施救援。1 小时后，多米尼加国家专业救援队 5 人抵达联海团后勤基地，准备前往坍塌现场进行救援。5 时许，美国、冰岛、波多黎各救援队已相继抵达海地，陆续投入救援工作中。

经过抢修，我维和防暴队派出 1 辆小装甲车、2 台丰田越野车、1 台特拉越野车、1 台中巴车赶到救援现场协助开展工作。

14 日上午，美驻华使馆就公安部请美救援队对我被埋人员实施紧急救援事宜反馈有关进展情况。美方告知，接到公安部紧急请求后，美驻华大使洪博培、公使金瑞柏高度重视，即向美国务院、国土安全部分别汇报情况。目前，美方由国务院外交安全局负责总体协调海地有关救援工作。中方维和防暴队可就有关救援事宜直接与美外交安全局驻海地安全官进行联系。美方将继续协调其在海地的救援组协调中方人员施救。

15 日 9 时 10 分，美国派出的 75 人搜救队抵达海地，并派员协助中方救援，法国、巴西、约旦救援队先后参与救援。美方另一支 18 人搜救队正在赴海地途中。俄罗斯救援队专机尚未抵达海地，他们表示抵达后将积极协助中方搜救被埋人员⋯⋯截至记者 15 日 24 时发稿时，现场搜救行动仍在紧张地进行着。

（摘自《人民公安报》，2010 年 1 月 16 日）

肩负亿万国人期待的艰苦搜救

党中央、国务院高度关注海地地震中我维和警察失去联系人员的搜救情况，胡锦涛总书记、温家宝总理对此作出重要指示，周永康同志多次给公安部领导打来电话询问情况，指导工作。

在赴海地前方救援队发现第一名同志的遗体后，国务委员、公安部党委书记、部长孟建柱立即再次召开部党委会议，贯彻落实中央领导同志指示精神，并就前方救援工作作出进一步部署。

孟建柱强调，公安部应急工作组和海地前方救援工作组的全体同志要坚决贯彻落实中央领导同志的指示精神，把党中央、国务院的关怀和全国人民的关心，化作强大的工作动力，坚决排除各种困难，继续加强搜救工作，不辜负中央领导同志的殷切期望。

孟建柱饱含深情地说，这8位同志是我们派出的优秀干部，也是200万公安民警的杰出代表。他们是肩负国家使命，在执行国际维和任务的过程中身陷险境的。他反复强调，要始终把抢救他们的生命放在第一位，只要有百分之一的希望，就要做百分之百的努力，继续施救，决不放弃，直到发现和救出每一位同志。

（摘自《人民公安报》，2010 年 1 月 17 日）

（一）远方奋战的战友，你们辛苦了

公安部于 1 月 16 日向中国赴海地全体维和警察、公安部赴海地救援组发出慰问电，向他们表示亲切的慰问并致以崇高的敬意，希望他们时刻牢记党和人民的重托，坚决克服一切困难，战胜一切挑战，全力以赴投入抗震救灾，全力以赴营救受困人员，全力以赴维护社会稳定，为维护世界和平的崇高事业和海地人民重建家园作出新的更大的贡献。慰问信全文如下：

中国赴海地全体维和警察、公安部赴海地救援组：

你们辛苦了！

海地首都太子港于当地时间 1 月 12 日下午，发生里氏 7.3 级强烈地震，造成重大人员伤亡和财产损失。我赴海地维和警察和公安部维和工作组人员 8 人被埋，我赴海地维和警察防暴队营地受损。面对突如其来的自然灾害的严峻考验，全体赴海地维和警察和公安部赴海地救援组全体同志紧急行动起来，冒着频繁发生的余震，在极其恶劣的环境下，坚决克服各种困难，夜以继日、争分夺秒地搜救被压埋战友，恪尽职守、全力以赴地开展联合国指派的各项抢险救灾工作，为抗击地震灾害、维护海地社会稳定、保护当地民众和中方人员生命财产安全作出了重要贡献。在此，特向你们表示亲切的慰问并致以崇高的敬意！

党中央、国务院十分牵挂包括中国维和警察在内的海地中方人员的安全，胡锦涛总书记、温家宝总理和周永康同志等中央领导就救援工作等作出了重要批示。国务委员、公安部部长孟建柱同志和公安部党委高度重视我驻海地维和警察和公安部赴海地救援组全体同志的人身安全，非常关心战斗在异国他乡战友们的身心健康，正在全面协调、紧急部署开展抢险救援工作。

当前，海地抗震救灾形势极其严峻、任务极其艰巨。希望你们时刻牢记党和人民的重托，在切实加强安全防护、确保自身安全的同时，继续发扬不怕疲劳、连续作战、能打硬仗的优良传统，再接再厉、顽强拼搏，坚决克服一切困难，战胜一切挑战，全力以赴投入抗震救灾，全力以赴营救受困人员，全力以赴维护社会稳定，为维护世界和平的崇高事业和海地人民重建家园作出新的更大的贡献。

（摘自《人民公安报》，2010 年 1 月 17 日）

（二）八名中国维和警察不幸全部遇难

北京时间 1 月 16 日 16 时 30 分，经过长达 80 多个小时的全力搜救，前方救援队伍发现在海地地震中失去联系的第一名失踪人员遗体，为公安部装备财务局调研员王树林。从北京时间 1 月 16 日 22 时 42 分至 1 月 17 日 3 时 56 分，公安部应急小组证实找到其余 7 名失踪人员遗体，分别是我驻海地维和警察防暴队宣传官钟荐勤，我驻海地维和警察防暴队政委李钦，公安部国际合作局副局长郭宝山，我驻海地维和警察防暴队联络官和志虹，公安部国际合作局干部李晓明，公安部警务保障局副处长、驻海地民事警察队长赵化宇，公安部装备财务局局长朱晓平。

8 名遇难同志的遗体将被尽快护送回到祖国。公安部表示，这次在海地地震中牺牲的 8 位同志，是 200 万公安民警的杰出代表，他们身上体现了中国维和警察纪律严明、作风过硬、业务精湛、不畏牺牲、不辱使命的崇高精神和优秀品质，是全国公安机关学习的榜样。

（摘自新华网，2010 年 1 月 17 日）

（三）94 小时搜救：无论你在哪里，我都要找到你

1 月 17 日凌晨 3 时 56 分，连日工作在公安部指挥中心的公安部应急小组的同志再一次沉浸在悲痛之中：8 位在海地地震中失去联系的我赴海地维和警察遗体全部被找到。

从开始部署营救到此时，时间整整过去了 94 小时。

这是多么紧张的 94 小时：快速反应，紧急出动，亲切关怀，高效指挥。为了找到 8 位亲爱的战友，为了百分之一的希望，后方指挥人员日夜不休，付出了百分之百的努力。

北京。1 月 13 日凌晨 5 时 50 分。整个城市仍在沉睡。然而，就在这黎明前黑暗的一刻，公安部指挥中心却收到了令人震惊的消息：海地发生强地震，位于海地首都太子港的联合国驻海地稳定特派团总部大楼坍塌，正在大楼开会的我方 8 名人员失去联系。

远在大洋彼岸的灾难，牵动着亿万中国民众的心，更牵动着 200 万人民警察的心。从中南海到公安部指挥中心，从中国北京到海地太子港。同样的一分一秒，不同的空间纬度，一场生命大搜救迅即展开。

一丝希望　付出百倍努力

经过反复核实，失去联系人员确定：朱晓平、郭宝山、王树林、李晓明、赵化宇、李钦、钟荐勤、和志虹。一个个熟悉且亲切的名字赫然入目，战友们眼前浮现的是他们爽朗的笑声、矫捷的身手、过硬的业务素质……

孟建柱忧心如焚："他们都是我们派出的优秀干部，也是 200 万公安民警的杰出代表。他们是肩负国家使命，在执行国际维和任务的过程中身陷险境的。无论是什么样的结果，我们的搜救都绝不能放弃。"

时间一分一秒过去，公安部大楼里的空气越来越紧张。孟建柱非常关注前方救援情况，每天主持召开一次会议，研究部署搜救工作。即便这样，他依然放心不下，多

次打电话给公安部指挥中心和前方询问情况，指导搜救工作。

面带焦虑，又心存希望。夜以继日工作的公安部领导，时刻关注着前方传回的每一条信息。

与公安部赴海地救援工作组组长刘志强通话；与中国驻海地第八支维和警察防暴队队长刘建宏通话。

——"孟建柱部长非常关心前方的救援情况，要求你们克服前线的各种困难，务必尽一切力量解救被困的同志！"

——"部领导要求我转告你们：在抢救的同时，一定也要注意你们自身的安全！"

一头是中央和部领导的决策和关心，一头是海地现场紧张救援。在公安部指挥中心，一条条指令从这里发向前方，一点点进展从前方反馈到这里。

大家都在为了一个目标而努力：找到战友！

"只要有百分之一的希望，就要做出百分之百的努力！"15日22时30分，50多个小时过去了，在搜救我被埋维和警察的关键时刻，孟建柱通过海事卫星电话指导公安部赴海地救援工作组搜救工作，要求珍惜每一分每一秒，排除万难，全力施救。

北京时间16日16时30分，前方救援队发现第一名同志的遗体。随即，不幸的消息一次次传来。一丝希望，百倍努力。在得知发现第一名同志的遗体后，孟建柱立即再次召开部党委会议，要求继续施救，直到发现和救出每一位同志。

然后在其后十多个小时内，陆续传来不幸的消息。17日凌晨3时56分，公安部指挥中心收到海地前方救援组电话：最后一具中方失踪人员遗体被发现。

青山垂泪，大海呜咽！

他们都是优秀的共产党员，是忠诚的人民公安战士，他们以对党和人民的无限忠诚，对和平事业的不懈追求，谱写了感天动地的英雄壮歌！

1月17日上午，公安部已成立由孟建柱同志担任主任、其他公安部党委成员任副主任的治丧委员会，将沉痛悼念8位共和国的维和英雄。亲爱的战友，祖国母亲以你为荣！

亲爱的战友，我们等你回家。

远在大洋彼岸的灾难，牵动着亿万中国民众的心，更牵动着200万人民警察的心。从中南海到公安部指挥中心，从中国北京到海地太子港。同样的一分一秒，不同的空间纬度，一场生命大搜救迅即展开。

争分夺秒 想方设法营救

接到灾情，公安部迅即向中央报告了地震及我人员情况，中央领导高度重视，胡锦涛、温家宝、周永康和孟建柱等中央领导同志就地震应急处置工作作出重要指示，并就尽快采取救援行动作出了部署，要求全力搜救失去联系人员。

13日8时10分，根据孟建柱同志的指示，公安部关于救援的第一道"指令"飞向海地中国维和警察防暴队：徒步前进，即刻赶往现场救援！

随即，杨焕宁常务副部长与驻海地维和警队值勤官通电话，了解情况。中午前后，公安部又两次召开紧急会议，专题研究部署救援工作。

公安部立即成立由孟宏伟、蔡安季、黄明三位部领导牵头的应急小组，迅即部署开展救援工作。

——北京时间15时50分、16时50分，我驻海地维和警察防暴队两批共40名队员顾不上余震的危险，克服道路中断的困难，先后抵达坍塌现场，最先展开营救战友的工作。

——15时15分，公安部紧急约见美国国土安全部驻华代表高博参赞，并随即与美国驻华使馆地区安全官办公室联系，商请美方救援队协助对我8名受困人员实施紧急救援。

——20时30分，公安部派出由国际合作局、边防局、消防局负责同志共7人组成的救援工作组，参加中国国际救援队，赶赴海地参与抢险救援工作。

……

无论你在哪里，我都要找到你；无论是生是死，我都要带你回去！

失踪人员的搜救情况，让无数国人牵挂，更让在前后方参与搜救工作的战友们不敢耽搁一分一秒。

（摘自《人民公安报》，2010年1月18日）

（四）中国八名遇难维和人员搜救纪实

1月12日，海地发生强烈地震。参与救援的中国国际救援队队员王念法在紧张工作之余，写下记录搜救中国8名遇难维和人员过程的手记。

以下是手记摘要：

14日深夜，飞机终于降落在海地首都太子港机场。我们特遣小组人员立即奔向联合国驻海地稳定特派团（联海团）总部大楼现场，营救废墟下我们的亲人。只要有1%的希望，我们就会尽200%的努力。

当地气候高温，我们的救援队服密不透风，在炎热气温的炙烤下，汗透全身，衣服紧贴皮肉。超体力、超负荷的工作，再加上现场温度与之前北京寒冷气候的强烈反差，不少队员身体出现瘙痒、红肿。接触了尸体的双手无法接触身体的任何部位，所有同志只能咬牙忍受瘙痒的折磨。没有一人叫苦叫累，因为我们知道，我们的亲人在等待着我们的营救。

楼板重叠，横梁交错，大小钢筋或扭曲或似渔网将废墟层层包裹。我们全体救援队员连续奋战，利用救援队配备的重型破拆、剪切救援器材，连续凿破数层楼板和横梁，当我们继续清除瓦砾时，突然发现有一台照相机和一台摄像机。

我将相机电池卸下，上面是用中文写的"深圳生产"，我们不愿看到的事情还是发生了，但我们不愿相信眼前的一切。我将挖到的一名遇难者的鞋子脱掉，鞋子里写着"老兵"牌，我和队员们无比悲伤，用我们的双手轻轻地拂去亲人身上的瓦砾。经确认，遇难者是中国公安部装备财务局调研员王树林。当地时间16日凌晨3时30分，王树林的遗体被完整营救出废墟，救援现场指挥部所有中方人员向遗体默哀致敬。

前线的搜救工作，紧张迅速，一刻也不曾停止。沿着王树林遇难处，我们继续营救。当一块约10多平方米，压夹在上下两层楼板中间缝隙的带毛毯地板被我救援队员完全切割破拆、底层大块楼板被凿破移除后，当地时间16日7时12分，驻海地维和警察防暴队员钟荐勤的遗体被营救出。凝望着虽然被扭曲但依然俊朗的脸，在场的救援队员都流下了沉痛的泪水。

时间在一分一秒地流逝，救援队员的心里倍感焦急。虽然我们知道废墟下幸存者存活的可能性很小，但心里总还抱着一丝微薄希望。在一整块足有半个篮球场大的楼板底下狭小废墟深处，通过强光搜索灯的仔细搜索，我们发现一只佩戴银白色手表的手，我们利用破拆救援装备，多功能钳，组合锹铲，以最安全最快捷的速度接近手的位置，可还是查明人已于地震发生当日死亡。

11时07分，第三位亲人驻海地维和警察防暴队政委李钦的遗体被营救出楼板内部废墟。在之后的半个小时，我们分别营救出公安部国际合作局副局长郭宝山、驻海地维和警察防暴队女队员和志虹和公安部国际合作局人员李晓明的遗体。3位亲人的遗体被废墟紧紧夹杂包围，遗体相距较近。

尘烟四起，热浪如潮。14时38分，驻海地维和警队队长赵化宇的遗体被营救出来。14时58分，最后一位亲人、公安部装备财务局局长朱晓平的遗体被营救出废墟。

在此次大搜救过程中，中国国际救援队队员还将联海团团长、联合国秘书长特别代表赫迪·安纳比在内的5名联合国官员的遗体挖掘出来。

当地时间17日8时30分，在我维和警察防暴队营地，中国国际救援队和维和警察为我们的亲人举行了沉痛的哀悼仪式，当听到向8位遇难同志三鞠躬时，我们所有人员都流下了悲痛的泪水。亲人，一路走好。

（摘自新华网，2010年1月21日）

公安部设立灵堂痛悼赴海地维和牺牲民警

徐 灿

公安部赴海地维和牺牲民警灵堂今天设立。中共中央政治局常委、中央政法委书记周永康送来花圈，国务委员、公安部党委书记、部长孟建柱与在京部党委成员集体前往灵堂，沉痛哀悼8位维和牺牲民警。

设在公安部的灵堂庄严肃穆，哀乐低回。灵堂内两侧摆放着周永康、孟建柱以及公安部领导敬献的花圈。灵堂正面墙壁的幔帐上挂着"维和英烈千古"横幅，横幅下面是朱晓平、郭宝山、王树林、李晓明、赵化宇、李钦、钟荐勤、和志虹的遗像。战友已去，音容宛在，让前来吊唁的同志们悲痛不已。

13时50分，孟建柱与在京部党委成员刘京、杨焕宁、刘金国、孟宏伟、蔡安季、陈智敏、黄明胸佩白色的绢花，在哀乐声中缓步走到英烈的遗像前，肃立默哀，向8位英烈的遗像深深三鞠躬，寄托无限哀思。在灵堂门口摆放的刊登英烈照片和事迹报纸前，孟建柱深情凝视着报纸上8位同志的照片，神情沉痛，驻足良久。

今天上午灵堂设立后，中央国家机关有关部门的同志、公安部机关干部纷纷前来吊唁，向八位维和英烈表达深切哀思。

（摘自《人民公安报》，2010年1月18日）

周永康代表党中央国务院和胡锦涛总书记
前往机场迎接八位海地地震遇难
中国维和警察灵柩回国

张宗堂　邹伟

长空肃穆，大地悲泣。在海地地震灾害中遇难的八位中国维和警察——朱晓平、郭宝山、王树林、李晓明、赵化宇、李钦、钟荐勤、和志虹的灵柩，19日上午由专机接运回国。中共中央政治局常委、中央政法委书记周永康代表党中央、国务院和胡锦涛总书记前往北京首都机场迎接，向八位烈士表示沉痛哀悼，向烈士亲属表示深切慰问，向全体救援人员表示衷心感谢。

今天上午，首都机场笼罩在强烈的悲痛气氛中。参加迎接海地地震遇难中国维和警察灵柩回国仪式的人们胸佩白花，袖戴黑纱，早早来到这里，在寒风中伫立迎候。专机停机坪一侧，烈士的战友们手举"沉痛悼念海地地震遇难中国维和警察"、"向维和英雄致敬"的白底黑字横幅，八位烈士的亲属含悲等待亲人归来。

上午10时40分许，载着八位烈士灵柩的专机徐徐滑到停机坪上。覆盖着中华人民共和国国旗的烈士灵柩由八十名礼兵缓缓抬下专机，迎接的人群中不时发出难以抑制的抽泣声。

10时57分，迎接海地地震遇难中国维和警察灵柩回国仪式正式开始，全场肃立，周永康等神情凝重地向八位烈士灵柩三鞠躬。

仪式上，周永康发表重要讲话。他充满深情地说：八位同志肩负祖国的重托，远赴海地执行维和任务，把自己宝贵的生命献给了世界和平事业。他们是全国公安民警的优秀代表，是中华民族的优秀儿女。对于他们的奉献和牺牲，祖国人民永远不会忘记，海地人民永远不会忘记，世界人民永远不会忘记。

周永康说，海地地震发生后，胡锦涛总书记、吴邦国委员长、温家宝总理、贾庆林主席等中央领导同志时刻牵挂着八位同志的安危，要求不惜一切代价千方百计抢救生命。全国人民心系海地，时刻关注着抢救工作，祈盼着他们平安归来。当噩耗传来，全国人民无不为之感到悲痛和惋惜。

周永康指出，我国是一个爱好和平的社会主义国家，维护世界和平是我们的神圣使命，构建和谐世界是我们的不懈追求。派遣维和警察，是我国履行国际义务、发挥我作为联合国安理会常任理事国作用、展示我负责任大国形象的重要体现。2000年以来，我国先后向7个国家和地区派出维和警察1500多人次。同志们不怕牺牲、恪尽职守、纪律严明、作风过硬，展现了威武之师、文明之师、和平之师的良好形象，受到了联合国和驻在国民众的高度赞扬，为祖国赢得了荣誉。你们是中华民族的骄傲，祖国和人民感谢你们。

周永康说，八位烈士的家属多年来为支持亲人的工作，默默奉献，这次又承受了巨大的痛苦。让我们和你们一起分担失去亲人的痛苦。希望你们坚强起来，保重好身体，照顾好老人，抚养好孩子。党和政府一定会给予你们最大的支持和帮助。

周永康最后表示，让我们更加紧密地团结在以胡锦涛同志为总书记的党中央周围，化悲痛为力量，继承英烈未竟的事业，为维护社会和谐稳定、维护世界和平安宁不懈奋斗。

国务委员、公安部部长孟建柱主持仪式时说，八位烈士为维护世界和平事业献出了最宝贵的生命，他们是中国警察的骄傲，也是中国人民的优秀儿女，是全国民警学习的榜样，他们永远活在我们心中。我们要化悲痛为力量，继承英雄遗志，踏着英雄的足迹为建设中国特色社会主义而努力奋斗。

伴随着哀婉的乐声，八位烈士的灵柩在怀抱亲人遗像的亲属护送下，由礼兵缓缓抬放上灵车。周永康等领导同志目送灵车离去。

今天，公安部下半旗志哀。当灵车途经公安部门前，烈士的战友们涌到路边，满含热泪向烈士致敬。灵车驶过长安街沿线时，各界群众自发驻足在街道两侧，悲痛地望着灵车驶向八宝山革命公墓。

仪式开始前，周永康等领导同志亲切看望了遇难维和警察的亲属代表，同他们一一握手，向他们表示慰问。

前往机场迎接的领导同志还有：徐才厚、令计划、陈至立、马凯、戴秉国、钱运录。

中央和国家机关有关部门负责人、公安民警代表和首都各界群众200多人也到机场迎接。

（摘自新华网，2010年1月19日）

周永康在迎接海地地震遇难中国维和警察
灵柩回国仪式上的讲话

（2010 年 1 月 19 日）

同志们：

今天，我们怀着无比悲痛的心情，迎接在海地地震灾害中遇难的 8 位中国维和警察的灵柩回到祖国。我代表党中央、国务院和胡锦涛总书记，向 8 位烈士表示最深切的哀悼，向烈士们的家属表示最深切的慰问，向全体救援人员表示衷心的感谢！

朱晓平、郭宝山、王树林、李晓明、赵化宇、李钦、钟荐勤、和志虹 8 位同志肩负祖国的重托，远赴海地执行维和任务，把自己宝贵的生命献给了世界和平事业。他们是全国公安民警的优秀代表，是中华民族的优秀儿女！对于他们的奉献和牺牲，祖国人民永远不会忘记，海地人民永远不会忘记，世界人民永远不会忘记！

海地地震发生后，胡锦涛总书记、吴邦国委员长、温家宝总理、贾庆林主席等中央领导同志时刻牵挂着 8 位同志的安危，要求不惜一切代价千方百计抢救生命。全国人民心系海地，时刻关注着抢救工作，祈盼着他们平安归来。当噩耗传来，全国人民无不为之感到悲痛和惋惜。

我国是一个爱好和平的社会主义国家，维护世界和平是我们的神圣使命，构建和谐世界是我们的不懈追求。派遣维和警察，是我国履行国际义务、发挥我作为联合国安理会常任理事国作用、展示我负责任大国形象的重要体现。2000 年以来，我国先后向 7 个国家和地区派出维和警察 1500 多人次。同志们不怕牺牲、恪尽职守、纪律严明、作风过硬，展现了威武之师、文明之师、和平之师的良好形象，受到了联合国和驻在国民众的高度赞扬，为祖国赢得了荣誉。你们是中华民族的骄傲，祖国和人民感谢你们！

8 位烈士的家属多年来为支持亲人的工作，默默奉献，这次又承受了巨大的痛苦。让我们和你们一起分担失去亲人的痛苦。希望你们坚强起来，保重好身体，照顾好老人，抚养好孩子。党和政府一定会给予你们最大的支持和帮助！

此时此刻，我们迎接烈士英灵归来，倍感失去战友之痛。让我们更加紧密地团结在以胡锦涛同志为总书记的党中央周围，化悲痛为力量，继承英烈未竟的事业，为维护社会和谐稳定、维护世界和平安宁不懈奋斗！

8位英烈永垂不朽！

中国迎接海地地震遇难维和警察"回家"

缪晓娟　崔清新　隋笑飞

19 日上午，在海地地震中遇难的 8 位中国维和警察的灵柩由专机接运回国。中国领导人和烈士的家属、战友，以及各界群众一起，深情迎接英雄们"回家"。

"8 位同志肩负祖国的重托，远赴海地执行维和任务，把自己宝贵的生命献给了世界和平事业。他们是全国公安民警的优秀代表，是中华民族的优秀儿女。"中共中央政治局常委、中央政法委书记周永康代表中共中央、国务院和胡锦涛总书记前往北京首都机场迎接烈士灵柩。

家属们走向覆盖着中华人民共和国国旗的烈士灵柩，接过亲人遗像，战友们咬紧嘴唇忍住泪水，上百名群众代表拉开横幅，满脸凝重。

朱晓平、郭宝山、王树林、李晓明、赵化宇、李钦、钟荐勤、和志虹，这些名字将被深深铭刻在 13 亿中国人心中。公安部部长孟建柱在仪式上说："他们的死比泰山还重。"

他们在加勒比海岛国失去了宝贵的生命。当时，他们正与联合国官员会晤，一场突然袭来的 7.3 级地震将他们埋在废墟之下。

"7 个月前我在北京机场为他们送行，没想到他们竟不能活着回来。"云南公安边防总队司令部办公室主任钟海荣说。他这次陪同三位云南遇难战友的家属来北京接灵，7 个月前也是他将云南 125 名维和警察送上前往海地的飞机。

"他们今年 4 月 30 日就应该期满回来了。我们当时说好，要一个都不能少地回来。"他哭着说。李钦、钟荐勤、和志虹都是他相识十多年的亲密战友。

从 2000 年 1 月起，中国应联合国的请求开始向东帝汶派驻维和警察。从此，中国派出的维和警察成为中国海外维和行动的重要组成部分。截至 2010 年 1 月，中国共向亚洲、欧洲、非洲和美洲的 7 个任务区派遣维和警察 1569 人次。这 8 名烈士的死，见证了中国为维护世界和平、构建和谐世界所作的不懈努力。

在北京接受维和任务培训的山东省滨州市公安局"和平卫士"王宏刚告诉记者，他们一行 60 名维和警察都到机场迎接遇难战友"回家"。

"我们一定会继承遇难者的遗愿，将维和精神发扬光大。"王宏刚眼眶微红。

中国人民公安大学教授王大伟说："周永康代表中共中央国务院迎接英雄魂归故里，体现了极高的规格，是对维和警察奉献精神的极高赞扬。"

伴着军乐队《献花曲》舒缓低沉的乐声，他们的灵柩被缓缓放上灵车，通过机场高速，驶上长安街，开往八宝山革命公墓。在这段长达44.7公里的路程上，各界群众自发走上街头，为烈士送行。

（摘自新华网，2010年1月19日）

英雄回家了！

刘学刚

在母亲眼里，孩子就像放飞的风筝，无论飞得多高多远，总有一根细细的线，把两颗心暖暖地连在一起。

今天，亿万观众通过电视屏幕，含泪目睹了一群孩子回到祖国母亲怀抱的最动人一刻。

8名维和警察，8个赤诚之子，历经百般劫难，飞越关山重洋，终于回家了。

只是，他们再也不能睁开眼睛，看看亲人思念的泪水。但，他们一定感受到了深埋于亿万同胞心底巨大的悲恸，和那份柔肠寸断的牵挂。

谨让我们永远铭记英雄的名字——朱晓平、郭宝山、王树林、李晓明、赵化宇、李钦、钟荐勤、和志虹。

【地点】北京首都国际机场

【时间】10时40分

【事件】迎接英雄灵柩

【声音】"你们是公安民警的优秀代表，你们是中华民族的优秀儿女。"

———周永康

凛凛寒风呜咽，萧萧草木含悲。

冬日的阴霾，如同人们此时此刻的心情。悲恸，在人群中弥漫。

在凛冽的寒风中，祖国母亲敞开最温暖的怀抱，迎接8位维和英雄的归来。

党和国家领导人来了，曾经并肩战斗的战友来了，牵挂他们的亲人来了，崇敬他们的同胞们来了。

19日10时许，顶着凛冽的寒风，披着晶莹的霜花，经过了30多个小时的飞行，接运海地地震遇难中国维和警察灵柩的专机缓缓降落在北京首都国际机场。

寒风中，中共中央政治局常委、中央政法委书记周永康等领导同志肃然而立。他的身旁是烈士家属、公安民警和武警部队代表，以及首都各界群众等200多人。他们袖戴黑纱，胸佩白花，早早就在这里肃立静候，迎接烈士回家。

"孩子，你可回来了！"白发苍苍的老父亲失声痛哭，他早早就来到这里，等着最后一次接儿子回家。

回家，一个多么温暖的字眼，可是，这一次归来，却是那样的沉重——为了神圣的维和使命，他们在遥远的异国他乡失去了最宝贵的生命。

10时40分，接运8位中国维和烈士灵柩的南航客机由东向西，缓缓滑行，所有人的目光紧紧相随。

客机舱门打开，烈士的灵柩被轻缓地从机舱中放下。

"沉痛悼念海地地震遇难中国维和警察！"

"向维和英雄致敬！"

条条横幅，诉说着无尽哀恸。

寒雾轻笼、哀乐回荡。80名神情肃穆的礼兵，肩扛英烈的灵柩，缓步走来，灵柩上覆盖着鲜红的五星红旗。

"儿啊，你回来了！"

"哥哥，我们接你！"

亲人们的声声哽咽，让闻者心碎。

一鞠躬，二鞠躬，三鞠躬……周永康等领导同志与迎接英烈的同志们一起，向烈士致敬。

"8位同志肩负祖国的重托，远赴海地执行维和任务，把自己的宝贵生命献给了世界和平事业。他们是全国公安民警的优秀代表，是中华民族的优秀儿女！"周永康满怀悲痛的话语饱含深情。

8位烈士家属多年来为支持亲人的工作，默默奉献，这次承受了巨大的痛苦。周永康动情地说："让我们和你们一起分担失去亲人的痛苦。希望你们坚强起来，保重好身体，照顾好老人，抚养好孩子……"

"你们的死比泰山还重！你们是中国警察的骄傲，是人民的骄傲，你们永远活在我们大家的心中。"国务委员、公安部党委书记、部长孟建柱的话，在天空久久激荡。

【地点】东单
【时间】11时45分
【事件】迎接英雄灵柩

【声音】"敬爱的 8 位英雄们，请安息吧，一路走好！我们永远记住你们！"

—— 退休教师张俊琴

灵车缓缓前行，当驶过东直门桥时，附近所有的私家车、出租车自发停车鸣笛，向 8 位烈士致敬。

"烈士一路走好！"

"母亲接你们回家！"

在运送灵柩的必经之路，市民们拉起条幅，向英雄致敬。

人群中，一位满头银发的老人，左手紧握登载着 8 位烈士遗像的报纸，右手一直保持着军礼的姿势，没有言语，没有泪水，只是久久注视着一辆辆驶过的灵车，像一尊雕塑，伫立在寒冬的薄雾中。

年轻的母亲怀抱着懵懂的孩子，孩子手中一朵小小的白菊在寒风中微微颤动。

一对青年男女将亲手叠制的千纸鹤托在掌心，低头轻声为英雄们祈祷。

焦大妈是一个地道的北京人，是报刊零售公司的一员，每天都在关注海地地震情况。"沉重，很沉重！培养一个这样的英雄不容易，他们都是优秀的维和警察。他们的牺牲对于家庭是一种损失，对于祖国更是如此。历史应该记住他们！"焦大妈痛惜地说。

在一家保险公司上班的刘秀玲女士说，她今天上午本来是跟一个客户约好会面的，经过东单时，她得知 8 位英雄的灵柩将从这里经过，她立即跟客户联系推迟会面，选择在东单等候英雄归来。她说："客户与我们一样，对 8 位维和人员遇难感到十分悲痛。因此客户对我推迟会面迎接英雄的做法非常理解，同时也表达了未能到现场迎接英雄的遗憾。"

"脱帽！"11 时 44 分，列队的公安民警在口令声中脱下警帽。

11 时 45 分，运送英雄灵柩的车队驶过来了。空气中顿时涌起一片浓重的静默。有人禁不住低下头抹起了泪水。

70 岁的张俊琴老人是中国人民大学附属幼儿园的退休教师，一大早，她先是坐公交车赶到公安部灵堂吊唁，然后又来到东单迎接灵柩。在灵堂的留言簿上，老人认真地写下：敬爱的 8 位英雄们，请安息吧，一路走好！我们永远记住你们！

灵车驶过，老人抓住记者的手哽咽着说："你知道灵车什么时候去八宝山吗？我想去看看，送我们的英雄最后一程……"

大雾仍未散尽，悲恸阵阵袭来。

灵车渐行渐远，但人们迟迟不愿散去，他们缓缓迈着脚步，在长安街边静静徘徊。

【地点】公安部
【时间】11 时 50 分
【事件】迎接英雄灵柩
【声音】"晓平局长，请你再好好看看这里的一草一木，再看看你的战友吧……"

———战友廖敏

东长安街 14 号，中华人民共和国公安部。

这里，是全国公安系统的最高指挥机关，也是全国 200 万公安民警的家，更是朱晓平、郭宝山、王树林、李晓明、赵化宇曾经天天工作的地方。

这儿的一草一木，见证了 5 位同志为公安事业日夜操劳的身影；这儿的每一寸土地，承载了 5 位同志无悔的付出和辛劳的汗水。

公安部大楼前的国旗，为英雄的离去下半旗志哀。

站在这里迎候战友的许多公安民警说，看到下半旗的那一刻，护旗兵流泪了，人们眼睛湿润了。

在前来送别的人群中，一位名叫刘义贤的老人含着泪，捧着收音机，随时听着机场传回的消息。"去年 9 月，我儿子曾与李晓明同在英国留学，而且就住在相邻的宿舍。在电话里，儿子经常告诉我他和晓明的很多趣事，时间长了，晓明就像我的半个儿子，很亲切。"

"晓明是个非常优秀的小伙子！性格开朗，特别愿意帮助别人，心胸豁达，很有军人的气质。这么个前途无量的年轻人，就这样匆匆地走了，我们心里痛啊！"刘义贤难过地望着手里的收音机，潸然泪下。

"他们都太不容易了。特别是那个女警察，孩子才 4 岁。我也是一个母亲，妈妈没了怎么办啊……"等了一个半小时的市民邵女士说着说着哽咽了。

车队一路缓缓前行，11 时 50 分，快要接近公安部北门时，逆行驶入对面车道。请人们理解这样一个小小的"违章"举动吧，这么做，是为了让这些英烈离公安部这个家近些、再近些。

"晓平局长，请你再好好看看这里的一草一木，再看看你的战友吧，战友们已经几天几夜未曾合眼，只为你的归来。请你走得慢些，再慢些吧，哪怕再给我们部署一次工作。"公安部装备财务局办公室副主任廖敏双眼噙满了泪水说。

天安门东侧的雪松依然挺拔，那是公安部警务保障局的同志们亲手挑选栽种的，只是战友赵化宇已经永远地合上了眼，他再也看不见这些雪松了。

【地点】 天安门前

【时间】 11 时 56 分

【事件】 迎接英雄灵柩

【声音】 "他们在异乡都能付出那么多，我们在国内为什么不多为老百姓做些事呢！"

————北京民警刘雅楠

十里长安街，洒泪送英雄。

灵车缓缓前行，向着天安门方向驶去。

天安门，伟大祖国的心脏和象征，今天，她显得比往常更加庄严和肃穆，她要迎接 8 位护佑世界和平、维护祖国形象的英烈归来。

16 名曾经的维和战友戴着蓝色贝雷帽，静静地列队站在天安门前，遥望着灵车即将驶来的方向。

作为一名部队转业人员，黄小姐对烈士的感情更深一点。这次地震发生后，她对维和警察有了更深一步的了解，也增加了一份敬佩之情。她说："对我的战友们，真的感到很痛心。毕竟他们在和平年代，遭受到这样的不幸，我们真的从心里感到很悲痛。希望他们一路走好。"

黄小姐介绍，现场的市民有的专门请假过来送英雄，有的是利用自己休息时间过来的。有些老年人，因为他们经历过的东西更多，所以对这些烈士的感情更深一些。从早上 7 点钟到现在，大家都在路边静候，而且他们没有了解到灵车具体什么时候过来，不过很多人说，无论等到什么时候，无论天气多么寒冷，他们在这里的等候，在这里的静候，能为这些烈士在北京这样寒冷的天气中送上一份温暖。

"泪洒长街送战友，恸彻京城别兄弟"的条幅一拉开，北京市公安局民警同志们的眼里不由自主地噙满了泪水。

"看到新闻里说维和警察牺牲，当时就像失去亲人一样难过，很为他们感到惋惜。他们在异乡都能付出那么多，我们在国内为什么不多为老百姓做些事呢！"西城分局二龙路派出所民警刘雅楠悲痛地说。

南池子社区、新华门社区的大爷大妈们 8 时 30 分就来到了天安门前。尽管天气非常寒冷，但他们一直举着"沉痛悼念海地地震中牺牲中国维和警察"的横幅，等待着维和英雄们回家。

宋娟娟是首支赴海地维和警察防暴队队员，灵车经过时，她已是两眼通红。她告诉记者："因为曾经在海地执行维和任务，所以更能感同身受。海地长期战乱，每天都有枪战，每天都面临着生死考验。他们将那么多危险都应对过去了，现在却这么离开了我们。"

广场上的群众目送着灵车，用"一声叹息千行泪"表达着他们的悲伤。

11时56分，第一辆灵车缓缓自东向西驶来。此刻，英雄的维和警察已听不到祖国人民的呼唤。天安门城楼哭了，为祖国好儿女的离去；人民英雄纪念碑哭了，用浓雾极力掩饰着哀伤；五星红旗仿佛在低声啜泣……

【地点】八宝山
【时间】12时19分
【事件】安放英雄灵柩
【声音】"明天，我们还要再来，再送烈士们最后一程。"

——广大市民

灵车沿着长安街一路西行。

"敬礼！"12时19分，当载运着8位烈士遗体的灵车缓缓从长安街沿线向南拐入八宝山殡仪馆时，道路两旁已经等候战友多时的近百名民警、武警官兵一起脱帽，与自发赶来的数百位群众一起，用挺拔的身姿和真切的凝视，表达对英雄们的敬意。

这是最后一段路的凝视。

20日9时，这里将会举行隆重的遗体告别仪式。

手持或黄或白的菊花，拉着"接烈士回家"、"英雄们一路走好"的横幅……从上午8时开始，这样的队列在八宝山附近不断出现，渐渐拉长。从四面八方赶来的群众，在凛冽的寒风中静候三四个小时，最终组成绵延百米的悼念人潮。

70多岁的王大娘是从海淀区赶过来的，路上花了将近1个小时。她说，自己年纪大了，没法为英雄们做更多的事情，只能多带些花来等等他们、看看他们，"英雄们在外面牺牲了，咱们在国内的老百姓们起码得让他们知道，大家心里有多难过，多挂念他们，多敬重他们。"

人群中有一个叫李梦浩的小男孩，今年才3岁半。他冻得通红的小脸绷得紧紧的，小手里攥着一串千纸鹤。他的爷爷奶奶说，自从海地地震发生之后，小家伙就整天守着电视看，说戴蓝色贝雷帽的中国维和警察叔叔、阿姨真精神，说想看看叔叔、阿姨。"我们也支持他来，让他从小就感受感受英雄们的精神，今后向英雄们多多学习。"

在百米人潮中，有很长一段是北京市公安局石景山分局近百名民警组成的致敬人墙。为了迎接战友回家，分局的民警们忙了整整一夜。"维和铸魂、英雄不朽"等横幅都是连夜赶制的。据石景山分局老山派出所政委白洪涛介绍，他们派出所来这里的民警不过是一小部分，还有一部分正在八宝山殡仪馆忙碌，为明天的遗体告别仪式做最后的准备；而更多的民警因为执勤的缘故无法分身前来。"但我们所有人都知道，这8位烈士不仅是公安部门的英雄，也是整个中国的英雄。我们身为他们的战友、身为人民警察，要学习他们英勇无畏、无私奉献的精神。我们也会把这种精神体现在今后的工作中。"

12时22分，最后一辆灵车驶入八宝山殡仪馆。但不少市民仍然不愿离去，在殡仪馆的大门外久久徘徊："明天，我们还要再来，再送烈士们最后一程。"

（摘自《人民公安报》，2010年1月20日）

维和烈士英灵回到祖国，公安民警、各界群众洒泪迎接

黄庆畅　廖文根

北京，1 月 19 日晨，大雾迷漫，太阳完全没有露脸。

首都国际机场、长安街公安部大楼前、八宝山革命公墓，聚集着各界群众。他们身着素装，胸佩白花，等待海地维和牺牲警察的"归来"。

全国公安机关降半旗向烈士志哀。在首都机场，海地维和牺牲警察遗体回国接机仪式早早准备妥当，恭候朱晓平、郭宝山、王树林、李晓明、赵化宇、李钦、钟荐勤、和志虹等八位英烈回到祖国。

"战友，你们到家了！"

10 时 40 分，飞机徐徐驶入首都国际机场停机坪。

"战友，你们到家了！"一大早赶来迎接战友的公安部部机关代表队伍中，有人抑制不住内心的激动，大声喊了出来。前来迎接的群众打出了"向维和英雄致敬！"等白纸黑字的横幅。

云南省公安边防总队司令部办公室主任钟海荣的眼泪涌了出来。2009 年 6 月 12 日，也是在首都机场，李钦等 125 名官兵赴海地履行维和使命，钟海荣参加了为他们举行的送别仪式。

"没想到那一别，就是永别。"与李钦共事 10 多年的钟海荣说，他要用摄像机记录下这一时刻，带给那些没能亲自前来迎接战友的云南公安边防总队的战友们看。

11 时，80 名礼兵，分成 8 组，分别护送八位烈士的灵柩，和着哀乐的节拍，缓缓走来。灵柩上面，覆盖着鲜艳的五星红旗。一脸肃穆的礼兵，高踢腿轻放下，小心翼翼，生怕多一点抖动就会打扰刚刚回到祖国的英烈。

"脱帽，一鞠躬，二鞠躬，三鞠躬。"现场的空气仿佛凝固，人们用这种朴素而深情的方式，表达对为维护世界和平事业而牺牲的八位优秀中华儿女的无限追思和怀念。

"魂归故里，情洒海地。"简短而隆重的接机仪式后，八位维和英雄的灵柩被缓缓送上灵车，现场全体人员行注目礼，目送灵车离开。

都说"男儿有泪不轻弹",看着战友灵车远去,正在中国维和警察培训中心参加培训的警察杨家信,再也控制不住,扭头擦拭着眼泪。

和杨家信一起来的,有40名官兵。他们当中绝大部分曾在2006年参与在海地的维和行动,今年5月又将出征新的维和地区。他们表示,将完成英烈未竟的事业,为维护世界和平事业作出更多贡献。

群众自发送别英烈

灵车从首都机场出发,穿过首都机场高速,进入北京东二环,从建国门沿着长安街驶向八宝山。听说维和英烈的灵柩即将到来,沿途自发聚集了不少群众,送英烈最后一程。

"人民警察,来自人民,让人民群众再近距离看上英烈一眼,送上一程"。灵车经过的地方,有很多没有采取封路的措施。沿途的不少群众拿出手机或DV,拍摄护送八名海地地震遇难人员灵柩的车队。沿街的人群中还打出"英雄们一路走好"的横幅。

灵车从位于长安街的公安部门前经过。八位烈士中,有几位曾在公安部工作。在道路沿线,数千名公安民警和群众目送车队,列队整齐,向车队敬礼。许多人眼里噙着眼泪。

12时30分许,护送我八名海地地震遇难维和人员的灵柩车队抵达八宝山。这时,虽已等候多时,但人群并没有散去,相反有更多的群众加入了迎接的行列。一位姓周的市民的朴素之言,说出大家的共同心声:作为老百姓,我们用这种方式,表达对英烈的哀悼和敬重。

八位烈士永垂不朽!

（摘自人民网,2010年1月20日）

十里长街站满送行的群众：英雄们一路走好！

张 彬

日月伤怀，草木含悲。

1月19日的北京，天空格外阴沉，空气中弥漫着浓浓的哀伤。

今天，是接英雄们回家的日子。民警来了，武警官兵来了，群众也自发地来了，他们表情肃穆，眼神里全是悲痛。

灵车还未到，首支赴海地维和警察防暴队民警刘国长就已抹起了眼泪："心里真的很难接受这个事实。从地震第一天起，我就一直关注战友的消息，奇迹却没有在他们身上发生。我真的是心如刀割一样难受啊！"

刘国长和逝去的其中四位英雄熟识，一回忆起在一起工作的细节，泪水便忍不住往外流。"人的生命只有一次，他们把宝贵的生命献给了祖国，献给了世界的和平事业。现在，我们只能将他们未完成的任务完成好，告慰他们的在天之灵！"他边说边流泪，还不停地向记者说，"对不起，我真的难以控制自己的情绪。"

11时37分，当载着8位英雄的灵车缓缓驶上长安街，行至东单北大街与长安街交汇的十字路口时，长安街两侧早已聚满了等候的群众，约七八百名群众绵延了两三百米。就连东单北大街的天桥上，也站了不少群众。

在人群前方，北京市公安局东城分局的150多名公安民警列队站成两排，他们肃穆的表情，流露出对遇难战友的深切哀悼。

8辆白色中型面包车车前扎着白黄色的花带，从长安街由东往西缓缓开过。空气中顿时涌起一股浓重的静默。灵车后面紧跟着8辆中巴车，车上坐着8位英雄的家属。

在路边等候的人群中，张文涛由于个子不高，加上人又多，他不得不踮着脚尖。他告诉记者，他是河北理工大学的学生，今年刚刚20岁。"我的学校在河北唐山，我是昨天就赶到北京，来迎接英雄回家的。"张文涛说，"8位英雄是祖国的骄傲，他们不畏牺牲、勇于奉献的精神，将成为我们新一代大学生宝贵的精神食粮，将激励着我们更加热爱祖国、热爱和平。"

11时45分，车队缓缓来到长安街东段与正义路交界口。公安部边防局、警务保障局、国际合作局、装备财务局等全体机关干部胸戴白花沿长安街自东向西一字排开，守候着英灵的回归。

"晓平局长，请你再好好看看这里的一草一木，再看看你的战友吧，战友们已经几天几夜未曾合眼，只为你的归来。请你走得慢些，再慢些吧，哪怕再给我们部署一次工作。树林大哥，我们还等着你把丰富的工作经验传授给我们，再催促我们一声'抓紧点'。"装备财务局办公室副主任廖敏双眼噙满了泪水说，局里同志们连夜赶制了送别的横幅"晓平局长，我们舍不得你！""树林大哥，我们忘不了你！"。说到此处，廖敏眼泪夺眶而出。

看着叔叔郭宝山的遗像，郭素兰的泪水打湿了胸前的白花。"叔叔为人非常正派，从没利用工作关系给任何亲属办过事情。他工作总是那么忙，多少年了，春节的时候也总不能跟大伙团聚。每次大家提意见，他总说，'等我退了休，天天在家陪你们'，他今年退休，可他却再也没有机会陪我们了！"

在前来送别的人群中，一位名叫刘义贤的老人含着泪，捧着收音机，随时听着机场传回的消息。"去年9月，我儿子曾与李晓明同在英国留学，而且就住在相邻的宿舍。在电话里，儿子经常告诉我他和晓明的很多趣事，时间长了，晓明就像我的半个儿子，很亲切。"

虽然没见过面，但刘义贤已经在儿子拍摄的照片、视频中看到过李晓明许多次了。"晓明是个非常优秀的小伙子！性格开朗，特别愿意帮助别人，心胸豁达，很有军人的气质。这么个前途无量的年轻人，就这样匆匆地走了，我们心里疼啊！"刘义贤难过地望着手里的收音机，潸然泪下。

张明礼是黑龙江省黑河市职教中心学校的副校长，听说8位英雄要回家了，他专程赶来，送战士们一程。"维和英雄们是在国际上展现我们中国风采、履行国际主义义务的正义之师，无论是在任何危险的地方，他们都出色地完成了联合国安理会赋予的任务，不辱使命，他们没有辜负祖国和人民的期望。为了他们，跑再远的路都值！"张明礼说。几天来，学校的同学们也自发在网上为8位英雄献花。

"我真的不知道该用什么样的语言来描述我现在难过的心情。"50多岁的张阿姨倚着路边的栏杆，用颤抖的声音说，"牺牲的这8位英雄，有的跟我年龄相仿，有的还相当年轻。愿他们一路走好……"

11时56分，车队缓缓驶向天安门广场。沉痛的氛围笼罩着整个广场，空气都似乎变得凝固。英雄的维和警察，终于回到了祖国的心脏。

"看到新闻里说维和警察牺牲，当时就像失去亲人一样难过，很为他们感到惋惜。他们在异乡都能付出那么多，我们在国内为什么不多为老百姓做些事呢！"北京市公安局西城分局二龙路派出所的刘雅楠悲痛地说。

泪水啊，你肆意地流淌吧！悲伤啊，你尽情地宣泄吧！亲爱的战友，请你们走得慢些，再慢些！你们用一腔热血，书写着永恒的忠诚。

逝者已去，精神永存！中国人民不会忘记你们，海地人民不会忘记你们，世界人民不会忘记你们！

亲爱的战友，一路走好！

（摘自《人民公安报》，2010 年 1 月 20 日）

安息吧，英雄

——海地遇难八烈士遗体送别仪式侧记

孙承斌　李斌　邹声文　李亚杰　吴晶

一朵、二朵、三朵……绢花在如水的泪花中闪烁。

一枝、两枝、三枝……芳菊在如雨的眼眸里辉映。

一步、两步、三步……步伐在如泣的乐曲中缓行。

隆冬的北京，朔风凛冽，沉浸在痛失亲人的悲恸之中。

1月20日上午，北京八宝山革命公墓。社会各界群众怀着无比悲痛和无限崇敬的心情来到这里，深情送别在海地地震中不幸遇难的8位中国维和警察——

朱晓平、郭宝山、王树林、李晓明、赵化宇、李钦、钟荐勤、和志虹。

致敬，我们的英雄！走好，我们的亲人！

59岁的孙经铭来自天津。他是王树林在黑龙江生产建设兵团工作时的战友。今天，他和其他从全国各地赶来的100多名老战友一道，早早地来到了八宝山革命公墓，为老战友王树林送上最后一程。

"中国的好儿子 我们的好伙伴 王树林一路走好。"战友们紧紧拽着连夜赶制的巨型条幅，眼睛被泪水浸得通红。老战友薛群哽咽着说："王树林是个有情有义的好人。他把自己宝贵的生命献给了世界和平事业。我为有这样的战友感到骄傲……"

我们不会忘记，就在几天前——他们曾经的音容笑貌还是那样的亲切。辛勤操劳的父母、相濡以沫的爱人、尚未谋面的女儿，正在期盼他们归家的身影。

郭宝山已经是满头银发，本来就可以退休，安享美好的晚年；李钦、李晓明多次出征，足迹踏遍亚洲、拉美等维和任务区的土地；钟荐勤还未见过刚刚210天大的女儿；瘦小纤弱的纳西族女警和志虹，一直有"承载和平的心愿"……

我们不会忘记，就在几天前——他们还是朝夕相处、生死与共的战友，不怕牺牲、恪尽职守、纪律严明、作风过硬，展现了威武之师、文明之师、和平之师的光辉形象。

和10年间中国先后向7个国家和地区派出的1500多人次维和警察一样，他们舍生忘死、英勇奋战、不负重托、不辱使命，为祖国和人民赢得了全世界的尊重和赞誉。

我们不会忘记，就在几天前——他们还是共和国永远无法割舍的挚爱，肩负着祖国与人民的重托，在血与火的洗礼中，在战与乱的最前沿，以坚定的身影守护着和平。

海地发生强烈地震后，党中央、国务院对此高度重视，要求想方设法营救我被埋人员。我8名被埋人员遗体全部找到后，中共中央总书记、国家主席、中央军委主席胡锦涛向不幸遇难人员表示沉痛哀悼。中共中央政治局常委、中央政法委书记周永康代表党中央、国务院和胡锦涛总书记前往机场迎接8位烈士的灵柩……

浩气存寰宇，忠骨归故里。乐曲低回含悲流淌……

胸佩白花，袖戴黑纱。9时许，胡锦涛等党和国家领导人在低回的哀乐声中，缓步来到8位烈士的灵柩前肃立。然后，缓缓地，缓缓地，向烈士灵柩三鞠躬。

现场的人们强忍着悲痛，也一同向烈士灵柩三鞠躬。

白花、黑纱，寄托着对8位烈士无限的哀思。

肃立、鞠躬，表达着党和国家领导人以及全国人民对烈士的崇高敬意。

随后，胡锦涛围着烈士灵柩缓缓绕行一周，向8位烈士作最后的送别，然后走到烈士亲属们面前。总书记一边用双手紧握着亲属们的双手，一边低声安慰悲痛中的亲人：烈士的英灵将永远活在全国人民心中，我们会永远怀念他们……亲切的话语，深情的安慰，让许多亲属激动得流下了热泪。

吴邦国、温家宝、贾庆林、李长春、习近平、李克强、贺国强、周永康，也缓缓围着烈士灵柩绕行，与烈士亲属一一握手，表示亲切的慰问。

浩气存寰宇，忠骨归故里。乐曲低回含悲流淌……

面对缀满白菊的灵柩——那一幕幕义无反顾的场景，一个个矫健机敏的身影，再次浮现在人们眼前，让人肝肠寸断。

退休前，67岁的邱铁耳与王树林在一个办公室，面对面地相处了20多年。"我和老王是挚友啊。"邱铁耳热泪盈眶地说，"为了维和事业，老王一年有三分之一的时间都在海外。越是和平年代越考验警察的本色，中国维和警察的职责就是忠诚地为国家服务。"

面对缀满白菊的灵柩——那一声声撕心裂肺的呼唤，一份份揪心难眠的牵挂，再次浮现在人们耳畔，令人热泪盈眶。

彭婕与李晓明共事了很长时间。她说："晓明的英文好，对待工作认真，总是面带微笑，现在来为他送别，他的笑容仿佛还在眼前。"

鲜花无意造别离，苍松有情映丹心。众多普通而又真诚的人们眼角挂着泪水，一鞠躬、二鞠躬、三鞠躬……泪珠不住地打湿面颊，擦去，又涌出。

轻轻地，轻轻地，轻轻地……送烈士最后一程，军容严整的部队官兵走来了，曾经到海外执行维和任务的公安民警走来了。

女维和队员朱华去年9月从海地归来。她与赵化宇、钟荐勤、和志虹等都是好朋友。得知海地地震时，朱华每天都要在网上搜寻消息，确认几位好友的下落。"我们曾经一起工作，一起生活。"朱华边说着，边抑制住泪水，"虽然随时有可能牺牲，但一想到我们可以在世界面前展现中国警察的形象，我们依然会感到光荣，并为这份职业感到骄傲。"

默默地，默默地，默默地……送烈士最后一程，中央和国家机关的工作人员走来了，来自基层的工人、农民走来了。

79岁的教育部离休干部张祖望曾任驻外使馆参赞。"谁是新时期最可爱的人？我说就是他们。他们为国际和平事业作出了贡献，维护了一个负责任的大国形象。"

慢慢地，慢慢地，慢慢地……送烈士最后一程，白发苍苍的老人走来了，风华正茂的青少年走来了。

北京白云路小学的几名六年级学生在老师的带领下来为校友朱晓平送别。12岁的张青原说，学校每个班级都在课上介绍8位烈士生平事迹。"朱叔叔舍己为人，为祖国效力，我们长大了都应该成为他那样的人。"张青原说。

缓缓地，缓缓地，缓缓地……送烈士最后一程，海外朋友走来了，国际友人走来了。

海地驻华贸易发展办事处常驻代表多纳瓦尔在送别现场呆了很久。提到郭宝山和李晓明的名字，他的眼眶又一次湿润了："不论是在中国还是在海地，加起来我见过他们不下20次。我和他们是朋友，我认为我应该代表我的国家和我个人来看看他们，向他们的亲属表达我们最真挚的感谢。"

声声痛哭，声声泣诉，这是一次心碎的送别。

声声呼唤，声声誓言，这是一个难忘的时刻。

安息吧，把生命献给世界和平事业的英雄们！

你们的英名已化作白云留在蓝天！

你们的笑容如春之鲜花永远灿烂、永远美丽！

（摘自新华网，2010年1月20日）

联合国秘书长潘基文致唁电
深感悲痛，并表示深切慰问和哀悼

新华社北京 1 月 19 日电 联合国秘书长潘基文 19 日就中国 8 名维和人员在海地地震中遇难发来唁电，全文如下：

我对 8 位中国警官在 1 月 12 日海地特大地震中不幸遇难深感悲痛。他们为海地的和平献出了生命，为联合国的维和事业作出了宝贵的贡献。

我向遭受这一巨大损失的遇难者全体家属、朋友、同事以及中国政府和人民表示深切的慰问和哀悼。联合国将铭记并继续推进他们的崇高事业。

公安部和中国常驻联合国代表团
下半旗为遇难维和警察志哀

新华社北京 1 月 19 日电 根据国旗法相关规定，为悼念在海地地震遇难的八位中国维和警察，公安部和中国常驻联合国代表团 19 日开始下半旗志哀。其中公安部下半旗时间将延续至 21 日。

八位遇难维和警察被批准为烈士

　　新华社北京 1 月 19 日电 维和公安民警是代表国家参与联合国维和行动的重要力量。一直以来，广大维和公安民警始终牢记使命，恪尽职守，很好地完成了各项急难险重任务，为维护世界和平作出了重大贡献。近日，根据《革命烈士褒扬条例》和《军人优抚优待条例》的有关规定，民政部、公安部政治部分别批准在海地地震中不幸遇难的中国维和警察朱晓平、郭宝山、王树林、李晓明、赵化宇、李钦、钟荐勤、和志虹 8 位同志为烈士，并按规定予以抚恤。

八名海地地震遇难维和警察被追授荣誉称号

北京时间 2010 年 1 月 13 日，海地首都太子港发生里氏 7.3 级强烈地震，造成重大人员伤亡和财产损失。正在当地执行维和任务的朱晓平、郭宝山、王树林、李晓明、赵化宇、李钦、钟荐勤、和志虹 8 位中国维和警察不幸遇难，以身殉职。

国务院、中央军委日前下发命令，追授中国第八支赴海地维和警察防暴队原政治委员李钦、宣传官钟荐勤、联络官和志虹"维和英雄"荣誉称号。命令指出，李钦、钟荐勤、和志虹同志肩负国家使命，以英勇的实际行动，模范践行了当代中国革命军人的核心价值观，集中体现了中国维和警察牢记宗旨、报效祖国、献身使命的政治本色，用鲜血和生命为国旗、党旗增添了光辉。他们不愧为党和人民的忠诚卫士，不愧为祖国的优秀儿女，不愧为武警官兵的杰出代表，不愧为维护世界和平的英勇战士。

人力资源和社会保障部、公安部日前决定，追授朱晓平、郭宝山、王树林、李晓明、赵化宇同志"全国公安系统一级英雄模范"荣誉称号。决定指出，朱晓平等 5 名同志从警以来，始终牢记并努力实践全心全意为人民服务的宗旨，忠实履行人民警察的神圣职责，爱岗敬业，顽强拼搏，锐意进取，扎实工作，出色完成各项工作任务，将全部的青春和热血奉献给了公安事业，为维护国家安全和社会稳定、服务经济社会发展作出了突出贡献。特别是他们积极投身国际维和工作，不怕牺牲、不辱使命，为维护世界和平的崇高事业不懈奋斗，直至生命的最后一刻。

国务院、中央军委、人力资源和社会保障部、公安部号召全体公安民警和广大部队官兵，要自觉向 8 名同志学习，学习他们听党指挥、献身使命的坚定信念；学习他们坚毅果敢、勇于牺牲的战斗精神；学习他们维护正义、为国争光的责任意识；学习他们顾全大局、拼搏奉献的职业风范。要以他们为榜样，高举中国特色社会主义伟大旗帜，以邓小平理论和"三个代表"重要思想为指导，深入贯彻落实科学发展观，忠实履行党和人民赋予的神圣使命，振奋精神、锐意进取、扎实工作、竭诚奉献，为全面建设小康社会、构建社会主义和谐社会作出新的更大的贡献！

（摘自人民网，2010 年 1 月 25 日）

第二辑

为了和平的牺牲

担当大国责任 维护世界和平

——中国维和警察出征十年

黄庆畅

1月20日，北京八宝山革命公墓，从四面八方赶来的上万名群众聚集在这里，为在海地地震中遇难的八位维和英烈送行。

连日来，有关这八位中国维和警察的消息，一直牵动着全体中国人民的心，也让人们开始关心和了解这个特殊而神秘的群体：中国维和警察。

从2000年1月首次亮相，中国维和警察出征10年，足迹越来越远，在维护世界和平事业的舞台上发挥着越来越大的作用。

"在海地地震中遇难的八名中国维和警察是中国人民的优秀儿女，是世界和平的忠诚卫士。"这是中共中央总书记、国家主席胡锦涛对中国维和警察的评价。

"维护世界和平的使者，中国的骄傲。"这是联合国秘书长潘基文对中国维和警察的赞誉。

从首次亮相到成建制派遣

2000年1月，公安部向联合国东帝汶任务区派遣首批15名维和警察，揭开了中国警察参加联合国维和行动的序幕。此后，中国警察开始活跃在联合国维和行动的舞台上。

2001年1月，公安部向联合国波黑任务区派遣首批5名维和警察，这是中国首次向欧洲地区派遣维和警察。

2003年11月，公安部向联合国利比里亚任务区派遣首批5名维和警察，这是中国首次向非洲地区派遣维和警察。

2004年1月，公安部向联合国阿富汗任务区派遣一名高级警务顾问，这是中国警察首次参与阿富汗维和行动。

2004年4月，公安部向联合国科索沃任务区派遣首批12名维和警察。

2004 年 5 月，公安部向联合国海地任务区派遣一名维和警察，这是中国首次向美洲地区派遣维和警察。

"业务一流，装备一流。"中国维和警察出动越来越密集。用公安部相关负责人的话说，随着综合国力的增强，作为联合国常任理事国，中国维和警察有能力为维护世界和平事业作出更多贡献，这也是展示中国大国责任担当、展示中国人民热爱和平的一种方式。

2004 年 10 月 17 日，中国维和警察防暴队出征海地，也是中国首次成建制派遣维和警察。

95 名中国维和警察防暴队队员乘坐联合国包机从北京出发，经过 20 多个小时的连续飞行，安全抵达海地首都太子港机场，与 9 月 18 日先期抵达海地任务区的 30 名先遣队员会合。由 125 人组成的我国第一支赴国外执行联合国维和任务的警察防暴队，按照联合国的要求，在海地任务区履行为期 6 个月的维和使命，配合和支援维和警察或当地警察的执法工作，处置群体性治安突发事件，参与重大公共活动的现场警卫，以及协助组建、培训当地警察防暴队。

"10 年来，维和警察事业从无到有、从小到大。"据公安部新闻发言人武和平介绍，截至今年 1 月，我国共向亚洲的东帝汶、阿富汗，欧洲的波黑、科索沃，非洲的利比里亚、苏丹和美洲的海地 7 个任务区派遣维和警察 1569 人次，其中向海地派遣维和警察防暴队 8 支 1000 人次。目前尚有 191 名维和警察在东帝汶、利比里亚、苏丹和海地 4 个任务区执行任务。

10 年来，中国维和警察舍生忘死，英勇奋战，经受了枪林弹雨的考验和血与火的洗礼。面对复杂的政治形势、艰苦的生活条件、危险的工作任务，认真履行打击犯罪、保护人权、重建当地执法队伍等职责，积极承担执勤巡逻、社区警务、侦查破案、处置群体性事件和培训当地警察等工作，多次参与收缴武器、遣散非法武装、协助救济安置难民等专项行动，为驻在国恢复和平与稳定、保护当地人民群众的生命财产安全作出了重大贡献。

10 年来，中国维和警察纪律严明、作风过硬、业务精湛、装备优良、不畏牺牲、不辱使命，努力维护任务区的法律和秩序，出色完成各项维和任务，受到联合国各级部门、其他国家同行和当地民众的高度赞誉。截至目前，所有中国维和警察均被授予联合国和平勋章。

展示中国形象的"活名片"

海地任务区是联合国最危险的任务区之一，失控枪支多，骚乱多，疾病多。

中国首支维和警察防暴队在海地的 6 个月中，圆满完成了重点地区定点驻守、联合巡逻、抓捕、收缴枪支、现场警卫等多项高危勤务，有效地维护了当地秩序。

从第二支维和警察防暴队开始，公安部积极改革警队组建模式，委托省级公安机关单独组建警队，形成管理合力，强化管理力度。自 2006 年 8 月起，公安边防部队先后派出以福建、广东、云南、新疆等四省（区）边防总队官兵为主的 5 支维和警察防暴队赴海地参加联合国维和行动。到目前，中国派出了 8 支维和警察防暴队。在此次海地地震中遇难的 8 位中国维和警察中，有 3 位是公安边防部队官兵。

在维护地区和平的同时，维和警察防暴队还服务海地民众，当好爱心大使。他们将国内的"爱民固边"经验延伸到任务区，深入开展扶贫助学、扶危济困等亲民爱民活动：送生病老人就医、送迷途小孩回家、为路边临产孕妇警戒、向无助儿童发放食品等，先后救助当地困难民众 215 人（次），为民众义诊体检 1100 余人（次），为海地警察和民众提供修车和推车帮助 216 次，在战乱的海地构建了中国防暴队与海地民众的和谐关系，出现了防暴队执勤时当地民众主动送上芒果、甘蔗慰问队员，勤务轮换时民众长路相送、集体上书联合国海地稳定特派团（联海团）挽留的感人场面。2009 年 9 月 21 日，第八支防暴队在完成处置突发事件任务的返回途中，遭遇飓风洪水围困，当地村民主动送来椅凳、水果和塑料布，并拿出自家的盆、桶等，协助队员们解困。

为增进海地民众对中国的了解，维和警察防暴队通过开展"警营开放日"、学校义务劳动、捐赠学习用品，举办中华文化武术培训班和中国传统文化知识讲座，在营区开设中文培训班等办法，积极开展文化交流，全面介绍新中国成立 60 周年和改革开放30 年来所取得的巨大成就，宣传中国的和平外交政策，奠定了中海两国人民交往的感情基础。2008 年 12 月 9 日，海地政府总理米歇尔赞扬中国维和警察防暴队是"海中两国人民进行文化交流的友好桥梁"。

维和队员身份特殊、世人关注，是向世界展示中国形象的"活名片"。联合国秘书长先后 3 次、海地总统先后 2 次接见了中国维和警察防暴队政委，海地政府总理先后 2次、80 多位联合国和联海团高官及 25 名外国将军政要先后 130 余次访问中国防暴队。"公安边防部队赴海地维和警察防暴队能打大仗、敢打硬仗、勇打胜仗，为维护海地和平作出了积极贡献。"公安部边防管理局政委傅宏裕如是说。

流血牺牲也要勇敢担当

对中国维和警察走过的十年历程，公安部相关负责人概括为"使命神圣、训练严格、装备精良、纪律严明、英勇无畏、坚韧不拔、警民连心、职业忠诚"。

　　或许有人会问，是什么使我们的维和民警无私无畏不怕牺牲？公安部发言人武和平认为，对祖国，对民族，对人民，对法律的忠诚，在国际上树立了中国警察威武之师、文明之师、和平之师的光辉形象。

　　然而海地地震发生后，特别是我8位维和警察在地震中牺牲后，有人关心我在海地维和警察会不会撤回。对此，武和平代表公安部明确表示："不会撤回，坚守岗位。"

　　从海地地震发生后，中国维和警察防暴队的队员一直坚守岗位，积极维护当地社会治安，参与抢险救灾。

　　为践行对联合国的承诺，保证有125名中国维和警察防暴队员在海地维和，向海地补充的4名维和警察已在北京整装待发。

　　另据了解，目前一批维和警察正在中国警察学院接受培训，按照联合国的请求，将于今年5月赴东帝汶执行维和任务。

　　沧海横流，方显英雄本色；艰难困苦，砥砺坚强意志。10年来，中国维和警察经受了复杂局势和恶劣环境的特殊考验，在新时期特殊环境下自觉弘扬"忠诚、拼搏、团结、奉献"的"维和精神"，创造了辉煌的业绩，向党和人民递交了一份满意的答卷。中国维和警察将继承烈士遗志，完成烈士未竟事业，奋勇前行，在维护世界和平事业的舞台上，展现新的风采。

（摘自《人民日报》，2010年1月22日）

海地震区的中国蓝盔

袁满　邢广利

"看着房子垮了，我们首先想着是和里面的八个人联系。我们疯狂地用手机打电话，用电台呼叫，但一直都没有联系上，后来我们才知道，是通信中断了。"中国驻海地维和警察防暴队长刘建宏接受采访时对记者说。

地震发生那天，中国驻海地维和警察一共有27人去了联海团总部，其中八人上楼参加会见活动。地震发生的时候，在楼下的19人眼睁睁地看着房子垮塌了。"这个过程很快，现在想想也很痛心。"当时余震很大，有部分人卡在垮塌的缝里，在场的19位中国维和警察立即分成三个小组，冒着余震搬开石块，一起往外救人。大概救了四五个人后，巴西的工程兵也赶到了。联海团的旁边空地上是菲律宾的军营，中国防暴队员们在那里搭建了一个临时指挥部。队员们在现场坚守了四天四夜，直到八位烈士的遗体全部被挖出。

在海地地震灾区，活跃着一支黄皮肤的蓝盔队伍——中国驻海地维和警察，这支队伍分为维和警察防暴队和维和警队。防暴队的全称是中国驻海地维和警察防暴队，建制是125人。目前驻扎海地的是来自中国的第八支维和警察防暴队，队员主要来自云南边防。他们是2009年6月抵达海地的，所有队员以前都来过海地，他们在执勤能力、技术战术等方面很有经验。

维和警察防暴队的主要任务是在联合国的统一安排下，外出执行各种任务，包括上街巡逻、设卡查车、处置突发事件、抓捕犯罪嫌疑人等。有时会有一些特殊的临时任务，如解救人质、地毯式搜索、担当保镖护卫工作等。由于海地的警察队伍力量薄弱，整个国家目前也没有自己的军队，所以联合国在这里的军队和警察力量，支撑着国家机器的运转。维和警察防暴队是一个完整的单位，执行任务时队员分工各有不同，在生活中，还有队员专门为大家理发。防暴队的食品主要由联合国提供。中国政府对于防暴队的后勤供应也很重视，根据各地的饮食习惯不同，安排不同口味的食品。比如说，现在队里云南人很多，食品当中就多了一些米线、辣椒等。队员们还在营地里开辟了一片菜地，三个小队每月比拼收获数量。地震之前，每天下午4点到熄灯之前，队员们都进行体能训练、跑步、打球、唱歌等活动。营地里有无线网络，每位警察都配备了一台笔记本电脑，可以通过互联网和家里联系。

在海地的中国维和警察还有另外一支队伍，就是中国驻海地维和警队。这支队伍在海地有16个人。在地震之前，他们的主要职责是指导整个海地警察系统的运转，同时还要对海地警察工作进行监督和检查。这个16人组成的队伍，分布在联合国海地稳定特派团的各个部门。他们要自己租房子住，自己解决吃饭问题。

迄今，中国已先后向海地派出了8支维和警察防暴队和7支维和警队，共计1000余人次。

2000年1月12日，中国警察第一次走出国门，奔赴东帝汶执行维和任务，揭开了中国警察参加联合国维和行动的序幕；2004年9月至10月间，中国分两批向海地派遣了一支由125人组成的维和警察防暴队。这是中国首次派遣成建制武装性质的维和警察队伍参与联合国维和行动，也标志着中国公安机关参加维和工作进入了一个新阶段。

十年来，中国共向亚洲的东帝汶、阿富汗，欧洲的波黑、科索沃，非洲的利比里亚、苏丹和美洲的海地7个任务区派出维和警察1569人次，全体维和警察都被授予联合国和平勋章。

（摘自新华网，2010年1月22日）

中国维和警察的十年：弘扬维和精神　铸就和平利剑

中国作为联合国安理会常任理事国，在参与国际事务、解决地区争端、维护世界和平与稳定方面的作用和影响日益显现。10年来，中国维和警察积极践行建设和谐世界的理念，为维护世界和平作出了积极贡献。

2000年1月，公安部向联合国东帝汶任务区派遣首批15名维和警察，揭开了中国警察参加联合国维和行动的序幕。此后，中国警察开始活跃在联合国维和行动的舞台上。

2000年8月，公安部成立中国维和警察培训中心，承担维和警察培训任务。2001年1月，公安部向联合国波黑任务区派遣首批五名维和警察，这是中国首次向欧洲地区派遣维和警察。

2003年11月，公安部向联合国利比里亚任务区派遣首批五名维和警察，这是中国首次向非洲地区派遣维和警察。

2004年1月，公安部向联合国阿富汗任务区派遣一名高级警务顾问，这是中国警察首次参与阿富汗维和行动。

2004年4月，公安部向联合国科索沃任务区派遣首批12名维和警察。

2004年5月，公安部向联合国海地任务区派遣一名维和警察，这是中国首次向美洲地区派遣维和警察。

2004年6月，公安部组建首支维和警察防暴队并在中国维和警察培训中心开展培训。

2004年10月17日这一天，中国维和警察与海地结下了不解之缘——95名中国维和警察防暴队队员乘坐联合国包机从北京出发，经过20多个小时的飞行抵达海地首都太子港机场，与9月18日先期抵达海地任务区的30名先遣队员会合。

从此，由125人组成的中国第一支赴国外执行联合国维和任务的警察防暴队，按照联合国的要求，在海地任务区履行为期六个月的维和使命，配合和支援维和警察或当地警察的执法工作，处置群体性治安突发事件，参与重大公共活动的现场警卫，以及协助组建、培训当地警察防暴队。

这是中国历史上第一次派出成建制武装性质的维和警察队伍，标志着中国警察参加维和工作进入了一个崭新阶段。

这支防暴队平均年龄28岁，都具有大专以上学历；从事公安工作五年以上，具有较强的公安业务技能，心理素质良好；大部分队员英语达到四级以上水平，具备相应的听、说、读、写能力；具有熟练的驾驶技术，并具有两年以上驾龄。

中国首支维和警察防暴队在海地的六个月中，圆满完成了重点地区定点驻守、联合巡逻、抓捕、收缴枪支、现场警卫等多项高危勤务，有效地维护了当地秩序。在长期的海地维和实践中，维和警察防暴队培育形成了"忠诚、拼搏、团结、奉献"的海地维和精神。

2004年10月，时任联合国秘书长科菲·安南访问中国维和警察培训中心，并对中国维和警察的工作给予充分肯定。

截至2010年1月，中国共向亚洲的东帝汶、阿富汗，欧洲的波黑、科索沃，非洲的利比里亚、苏丹和美洲的海地七个任务区派遣维和警察1569人次，其中向海地派遣维和警察防暴队八支1000人次。目前尚有191名维和警察在东帝汶、利比里亚、苏丹和海地四个任务区执行任务。

10年来，中国维和警察不辱使命，为祖国和人民赢得了全世界的尊重和赞誉；全体维和警察舍生忘死，英勇奋战，经受了枪林弹雨的考验和血与火的洗礼；10年来，维和警察事业从无到有、从小到大，基本形成了以维和培训为基础，以严格选拔管理为重点，以培养人才、体现中国综合实力和国际影响为目标的工作格局。

中国警察在国际维和舞台的影响不断扩大。至今，中国维和警察创造并保持着"无一伤亡、无一违纪、无一退返"的"三无"纪录，且全部被授予联合国和平勋章。

（摘自中国新闻网，2010年1月17日）

第三辑

永远的纪念

（一）那一刻发生的故事

接你回家

——致在海地维和中遇难的烈士

杨　锦

一

大地在颤抖中将海地揉碎，当加勒比海不再蔚蓝，哭泣的太子港撕裂为世界最疼的伤口。当蓝色的贝雷帽被黑暗压埋，心的碎片像瓦砾般散落，无法捡拾。

二

这个夜晚来得有点早，死亡像匕首般靠近，黑暗的重量便压在你的胸膛。

瓦砾下有我的兄弟姐妹，千里之外，我无力把石块从你身体上搬走。我无力把灾难推开。

我点燃一支蜡烛，为平安祈祷。多么渴望这微弱的烛光，能穿越太平洋风雨的苍茫，为破碎的城市中残垣断壁下失踪的生命映照出萤火虫般的光亮。

三

海在哭泣，风停止了呼吸。当悲怆的汽笛，把心中所有的疼鸣响；当不尽的泪水，把心中所有的记忆和梦想漂白。

接你回家。机翼下，绵延起伏的是千山万水，也是万里伤悲。我伫立在寒冷的街头，等你回来。

也许，天堂里不再有地震、瓦砾和废墟，不再有那看不见底的黑……

今夜我看见满天哭泣的星星，为你守候。

（摘自《人民日报》，2010 年 1 月 27 日）

终生难忘的艰难飞行

——执飞机长廖文捷回忆接英雄回国之行

作为此次运送八位英烈回国的执飞机长，我和组里的同事一样，既感到光荣，又深感压力颇大。看到大家在网上的留言——大家鼓励我们，向我们致敬——十分感谢。但我们真的承受不起，我们只想着能够把任务交给我们去完成，我们就是拼了命也要完成好。我觉得与那些罹难烈士比起来，我们根本不算什么，直到现在还有那么多人在海地不分昼夜地拼命实施援救工作，他们才是该被我们记录下来的人。

还是先说说我在执行此次飞行任务中的一些经历和感受吧。

我接到任务是 14 号晚上，因为我 13 号刚飞回来，我们是 15 号上午准备，晚上坐飞机去北京，16 号中午 12 点半起飞去安克雷奇，直到现在，我依然感到这次任务非比寻常——艰巨，富有挑战。当时接到任务，我们根据 soc（系统集成）以及电视上提供的海地的一些情况做准备。具体来说，就是准备备降机场，我在准备会上提出要把海地周边 2 小时以内的机场都提供给我们，然后我们作出评估，什么机场适合做紧急降落。

在飞往海地之前，我一直在电视上关注海地的消息，知道有很多救灾飞机去海地，也知道在美军控制海地后，很多飞机不能正常在海地降落。

飞机降落到太子港，我的脑子里一片空白，没时间看其他，也没时间想太多东西，就想着执行任务的前一半完成了。早上天亮后，看见的是美军的帐篷和各国的救灾飞机，军机多，后来才知道跑道是 3000 米的，宽度实在忘记了，大概有 50 多米，跑道情况还可以，落地时间是当地的凌晨快 5 点。

在我曾写的博文中，我提了一句说，当时在空中等待了 1 个小时，后来备降到其他机场，有网友回复留言问怎么回事。是这样的，当时我们从安克雷奇飞过来，管制告诉我们，不能降落，我们只得在空中盘旋，可是我们的飞机油量消耗大，海地机场又不能给我们加油，最后我们商量，果断决定备降去牙买加。其实在盘旋的那 1 个小时里，我们已经把备降的航线准备好了，包括航图和牙买加的机场图。决定备降后，马上就告诉 soc，并联系了大使馆，经过同意，我们飞去了牙买加。不过，到那个机场之后发现也有困难，牙买加机场环境恶劣，全部是高山，跑道2700米，比较短，飞机降落时比较重，跑道的盲降跟正常机场不一样，是歪的，而且当时风也不稳定，有乱流，所以说才真的比较紧张。

我觉得能够处理好面对的问题很重要的一个原因是，在遇到这次问题的时候，我们4个人能够分工明确地配合，这一点也是让我非常有信心处理所有问题的重要因素。当时，我操纵飞机，其他机组都带着耳机，听清楚指令，手里拿着机场资料，随时提醒飞行的高度和进近的方式，因为跑道条件不是很好，只有边线灯，没有中线灯，跑道很暗，因此，降落时有人观察跑道，有人提醒飞机速度，况且当时已经飞了接近10个小时了，大家都很疲劳，所以所有人互相提醒，发现问题及时修正。

飞机停稳后，机组就准备下一段飞行，是从牙买加到太子港的航线，涉及航线、加油等问题，而且万一不能落地还要再有备降方案，我们当时就准备了这些，把能想到的都准备好，没有休息，此外，我们还联系了soc，询问起飞时间，准备随时起飞。

起飞时又发生了点小状况，本来是准备在30号跑道起飞的，但是不能从30号跑道头进入跑道，要从中间的滑行道进入，因为这个机场就是为小飞机设计的，我们的飞机大，如果在30号跑道起飞，就必须在跑道上180度掉头，我们估计不能掉头，所以经过大家讨论，决定换12号跑道起飞。飞机起飞后到迈阿密，就1小时40分钟，后来大家也都没休息。这就是我们去的时候的经历。

回来的时候，我们从海地起飞去迈阿密，到了正赶上雷雨，因为海地不给我们加油，油就不多了，大家也很紧张，还好我们及时降落，落地后就是狂风暴雨，到安克雷奇又赶上下雪，真是要命，因为这一路飞来，大家都没好好休息，累得不行了，感觉一闭眼就能睡着，所以飞的时候真怕出一点差错。当时飞机上有11个人，分别是机组4个、2个机务、1个货运和4个公安部的法医。由于人手不够，在飞行中我们没时间去烤饭，饿了就吃饼干和方便面，直到执行任务结束后到安克雷奇我们才吃上热饭，是同事给煮的面条。

不过和这次灾难比起来，我觉得这些困难都是我们能够克服的，和生命比起来，这简直无足轻重。飞机从太子港起飞时，那个场面我简直无法用语言形容，送行的士兵有很多，他们排成两行，送灵柩上飞机，还有女警察拿着横幅，哭得很伤心，有一个后来晕倒了。这都是我看到的，亲眼看到的，现在我很难用文字描述出来，因为那种场面太让人伤心了。

这是我一生中最难忘的艰难飞行！

（摘自《南航"海地"专机机组官博》中博文）

维和英雄精神长存　祖国永远铭记你们

生命可以创造奇迹。可奇迹没有在你们身上显现。噩耗从遥远的国度传来，我们的心像刀割一样难受，任止不住的泪水长流……

朱晓平、郭宝山、王树林、李晓明、赵化宇、李钦、钟荐勤、和志虹，你们是那么的普通而平凡，而平凡中孕育着伟大；你们从来没有想过要当英雄，可此时此刻，你们的忠魂已震撼寰宇，你们的英名已壮我中华。曾经的音容笑貌是那样的亲切，人们不相信就此永远定格。举国上下，声声哀婉，声声呼唤，声声痛哭。

曾经，当祖国召唤时，你们明明知道从事维和事业随时需要奉献自己的生命，却斩钉截铁地说：那是我的信仰！明明知道海地积贫积弱、社会动荡，你们却安慰亲人：放心吧，我会安全回家。

从你们肩负着和平的使命，背负着人民的重托，踏上异国土地那一刻起，祖国人民就盼着你们安全回家。可是，天灾无情！正在联合国驻海地稳定特派团总部大楼内与联合国官员商谈工作的你们，在海地地震中被沉重的瓦砾废墟深深掩埋在地下。

你们经历过维和的困苦，用忠诚让五星红旗更加鲜艳。你们用真诚的爱心，得到了海地人民的友谊和尊重。你们把寂寞化作歌声，感染了世界、赢来了掌声！你们用鲜活的生命，创造了不朽的丰碑，那就是忠诚、拼搏、团结、奉献的"海地维和精神"！

"战友！我们等你们回家！"亿万国人从心底发出这样的呼唤。这呼唤，你们听到了吗？从中南海到公安部，从中央领导到普通群众，从百万战友到亿万民众都在盼着你们回家！

胡锦涛、温家宝、习近平、周永康等中央领导向你们表示沉痛哀悼，向你们的亲属表示深切慰问。时刻牵挂你们的孟建柱部长，要求以最快的速度将你们接回祖国。

回家，回家，再也不用劳累奔波，再也不用匆匆地来去不能停下，你们已光荣地完成了使命，把宝贵的生命献给了伟大的维和事业，用生命铸就了维和的利剑，用鲜血践行了铮铮维和誓言。你们的维和壮举将永远载入共和国史册，在联合国维和历史上写下光辉而厚重的一笔。

因为你们，13 亿中国人心中多了一份刻骨的伤痛。因为你们，我们的队伍又多了一份荣光。所有的亲人、所有的战友为你们而骄傲，所有的亲人、所有的战友都在等着你们，等你们回家……

我们知道，那一瞬间，你们没有留下任何只言片语，而此刻你们需要躺在祖国母亲的怀抱，在温暖、安宁中静静地、静静地安息。

我们相信能量不灭，相信你们只是一粒种子，被亲人用手和着血泪重新种下，待春天再来时，重新长成一棵树、一朵花，或者化成一只只和平鸽，你追我赶飞在蓝天下……

安息吧，维和英雄！

祖国人民永远铭记着你们的功勋！

（《人民公安报》社论，2010 年 1 月 18 日）

向维和英雄默哀致敬

连日来，在海地 7.3 级强地震中被埋的八名中国警察，牵动着亿万中国人民的心。昨天，八名中方失踪人员的遗体终于全部被找到，噩耗传来，举国沉痛。奇迹没有发生，同志已然离去，但英雄的精神，必将永垂不朽。

为英雄默哀，我们无限沉痛。亲友哀泣，观者泪涟，凝结深深的悲哀和思念，"战友！我们接您回家！"，择一处青山，埋下您的忠骨。你们是那么年轻，最大的也不过六十，其中四位尚不足四十，英年早逝，令人扼腕；你们是那么优秀，是从近 200 万人民警察中挑选出来的出类拔萃的成员，谁料天妒英才，遭此大难。风云不知姓名，因之变色；草木不闻事迹，为之含悲。惜哉！痛哉！

向英雄致敬，你们生得伟大，死得光荣。尽管你们级别不同、工作性质有所差别，但你们都为了祖国的事业，响应祖国的号召，自愿报名参加联合国维持和平的任务，以过硬的素质和严明的纪律，展现了中国维和警察的风采，使这个光荣的部队成为联合国维和部队的典范。你们不惧危险，告别亲人，远离祖国，面临着险象环生、冷枪袭击的境况，恪守着为国争光的信念。你们牺牲在自己的工作岗位上，地震发生时正与联合国秘书长海地问题特派代表会谈，出使不辱使命，为人类和平献出了宝贵的生命。我们向你们致敬！为你们自豪！

英雄已逝，精神永存。越来越多的人们循着你们的足迹前行，你们应当甚感欣慰。维和部队的战友，暂时抹去伤痛，已经奋不顾身地投入到海地地震的救灾工作中去；祖国已经派出专业救援队和救援物资专机，前往海地进行人道主义援助；四川汶川地震的志愿者们，已整装待发，正积极向国家申请，奔赴海地参与救援；全国各地，处处有人慷慨解囊，为素不相识远在千里之外的海地灾民捐款捐物。

安息吧，英雄。亲人和朋友为你们自豪，悲伤过后，他们会珍藏你们的记忆，更坚强地面对困难。安息吧，英雄。人民为你们骄傲，为你们伟大的人格和崇高的精神感动，你们为海地人民谋求和平与幸福的事业，一定会后继有人。

谨以此文，向在海地地震中遇难的 8 名中国警察默哀、致敬！

（摘自人民网，2010 年 1 月 17 日）

碧血映长空　丹心照九州

——谨以此文献给为人类和平事业献身的英烈们

刘元林　石丽珊　唐琳

也许你还没有记住他们的名字，没关系，就叫他们"中国人"吧。

也许你还没有搞清他们的职业，没关系，就叫他们"中国警察"吧。

是的，他们是中国人，中国警察！

他们的名字是朱晓平、郭宝山、王树林、李晓明、赵化宇、李钦、钟荐勤、和志虹。

连日来，是他们，让全中国 56 个民族的父老乡亲魂牵梦萦；

是他们，让全世界不同肤色的人们掬一池热泪！

如今，他们幻化为八颗耀眼的星辰，从祖国上空升起，泽被华夏，光耀寰宇！

没有人怀疑，这八个名字将荣耀地载入中国公安史和人类和平史。

海明威说，任何一个人的苦难，都是人类共同的苦难。

鲁迅说，无穷的远方，无数的人们都和我有关。

东西方的两位文学大家，都洞察到了人类的同一性和不可分离性。同一个地球，同一个人类，没有哪个国家，哪个民族，哪个人，能离开别的人类而独享幸福，特别是在 WTO 和互联网覆盖全球的今天。

基于此，国际主义、人道主义，才成为普世的价值观。

中国人爱好和平，中国是一个爱好和平的社会主义国家，维护世界和平是我们的神圣使命。

中国人勇担道义，中国积极参与国际和平事业，构建和谐世界是我们的不懈追求。

作为联合国安理会常任理事国，履行国际义务，展示我负责任大国形象是我们必然的选择。

10 年来，我国已向东帝汶、阿富汗、科索沃、海地等 7 个地区派遣维和警察 1569 人次，向海地派遣防暴队 8 支 1000 人次。

目前，中国依然有 191 名维和警察在东帝汶、利比里亚、苏丹、海地任务区执行维和任务。

瘟疫疾病何所惧，枪林弹雨更壮志。

2010 年 1 月 13 日 5 时 53 分，当地时间 12 日 16 时 53 分，事先没有任何预示，一场 7.3 级的强烈地震，把位于加勒比海的岛国海地像空纸盒一样抛向空中。当时，中国公安部维和工作小组和当地中国维和防暴队负责同志一行八人，正在联合国驻海地特派团总部大楼，与联合国官员会商维和事务，大楼瞬间坍塌……

那一刻，全中国、全世界，无以计数的目光都投向海地，投向那座已成废墟的大楼。人们企望着，等待着，就像等待亲人一场重大手术的完成。前后 52 个小时的努力，奇迹没有发生。最惨烈的消息，击溃了无数双凝望的泪眼……

悲痛响彻海天，哀伤弥散中华。多希望时间能够倒流，让他们事先有所戒备；多希望这只是一场梦幻，梦醒时分，还能看到他们灿烂的笑脸。

他们就这样走了，带着他们未竟的事业、对亲人的眷恋、对祖国的挚爱，没有谁留下一句遗言……

他们走了，给我们留下难言的悲怆、无尽的追思——

第一章　忠诚

放下安稳的自我，听从祖国的召唤；脚踩危难的土地，胸怀蓬勃的大爱。八位英烈，给中国警察的警魂作出崭新的诠释。

一

人的生命只有一次，天底下除了傻子之外，相信没有谁会不怕死亡，我既然选择从和平走向颓废、危机四伏的海地维和之路，也就时刻做好为和平事业牺牲的准备。

——摘自赵化宇海地维和日记

38 岁的赵化宇是第三次去海地了。

2004 年 9 月，中国第一次组建维和警察防暴队赴联合国海地维和任务区执行任务，赵化宇作为具体负责后勤装备的组长，几乎与中国第一支维和警察防暴队的先遣队同时抵达海地。当时，他的爱人刚怀孕不久。

五年之后的 2009 年 10 月 13 日，穿着中国维和警察制服、戴着 UN 的贝雷帽的他，又一次站在了这片贫穷落后、战乱频仍的土地上。

这次到任务区不到 20 天，赵化宇就感染上登革热，被送往阿根廷部队医院。

"头痛如针锥，高烧久不退。周身酸且疼，不思茶饭味。报国有雄心，维和乏力远。病床思故土，遥遥泪沾襟！"他在日记中这样记述在病中的感受和心情。

30 出头的他，白发丛生，整个人就像纸折的一般，一股风都能吹倒，可他不顾病痛，还用自己的亲身体验鼓励另一名因登革热入院的队友。经过十多天与疾病的抗争，他终于出院了。

他上有双亲，下有娇儿，没有谁会想到，这次出门，他会把生命永远留在了海地。

八人中，不止一次走出国门踏上维和路的，还有和志虹、钟荐勤、李晓明、李钦。

和志虹，一个朴素美丽的纳西族女子。2007 年 3 月，中国第六支赴海地维和警察防暴队由云南省公安边防总队组队出征。得知消息，和志虹的心绪无法平静了：家事、国事，同时摆在面前，让她难以取舍。

当时，和志虹的孩子才 1 岁多，在银行工作的丈夫基本没时间照顾孩子。经过一番艰难而痛苦的思考，和志虹作出决断：国大家小。在家只能照顾一个孩子，如果参加防暴队执行国际维和任务，会有更多的孩子得到安宁，甚至保住生命。

八位烈士里，恐怕没有谁不了解维和工作的艰难和凶险，为什么他们义无反顾，为什么他们会一而再、再而三地走上维和之路？因为他们是警察，是中国警察。他们心中有爱，有忠诚，有祖国。

在中国维和警察遇难现场，人们找到了烈士王树林的照相机，他拍的最后一张照片，时间是北京时间 2010 年 1 月 13 日 5 时 53 分！

58 岁的烈士王树林说得质朴。此次赴海地执行任务，因为他做过心脏手术，领导担心他身体不能承受长途飞行，征求他的意见，他很果断地说："组织上信任我，我就去。"

二

"于大千世界，我也许只是一根羽毛，但我也要以羽毛的方式，承载和平的心愿。"

——和志虹日记

追溯八位烈士的足迹，不难发现，他们对事业的热爱，对职责的恪守，对人类的关爱，是一以贯之，无论在国外还是国内。

朱晓平牺牲之前，就任公安部装备财务局局长仅半年。在这半年时间里，他深入天津、河北等 12 个省区市的市、县级公安机关开展调研，就当前和今后一个时期的公安装备财务工作的现状和发展，进行了深入调研和思考。

新疆"7·5"事件发生后，他在新疆调研时了解到，一线维稳民警只能住在简易帐篷里，既不安全也不能有效抵御风寒，他立即协调调集了一批由集装箱改造的活动营房。当严冬将至，新疆一线的特警队还没有配备御冬衣物，他要求有关部门连夜采购冬季执勤服和毛衣、毛裤、毛皮鞋，在降温之前送到了援疆特警手中。他由此获得了"三毛局长"的绰号。

郭宝山，长年一头板寸，腰板挺直，目光炯炯，是公安部大院里响当当的"最有魅力的男人"。他从事国际执法合作工作 30 多年，是中国公安战线国际合作的资深专家。

2004 年分管维和警察和外派警务联络官工作后，郭宝山全身心投入，两项工作都取得长足进步。在外派警务联络官方面，他积极协调有关部门，努力扩大驻外警务联络官规模。截至目前，我国共向 19 个国家、20 个驻外使领馆派驻了 30 名警务联络官，驻外警务联络机构已初具规模，初步构建起务实高效的境外执法合作网络。

郭宝山到今年 7 月就要退休了。出国前，他曾与朋友约定，到退休那一天，一定请你们好好喝一顿酒。谁知……

赵化宇作为公安部警务保障局政府采购工作处副处长，是很多人眼里的热点岗位，但这个农民的儿子，却是一个十足的"守财奴"，他视国家财物为己出，非常珍惜。在政府采购工作中，他坚持把大多数设备采购项目委托给招标公司办理，严格按照政府采购有关程序向社会公开招标，从程序上杜绝腐败的发生。一次，在设备合同谈判时，一家公司自以为胜券在握，口出狂言："尾数 8000 块就不要再砍了，我请你们花 8000块好好吃一顿。"赵化宇一口回绝："没有必要！我吃一碗面热热乎乎、舒舒服服，才6 块钱，心安理得，踏踏实实！"

三

"你们的表现足以让你们的国家和人民为你们感到骄傲！"

——联海团总警监迪亚罗在评价中国防暴队的表现时说

在八位烈士中，云南公安边防总队参谋长李钦有着让人敬畏的军中履历。他多年战斗在缉毒一线，曾组织破获多起毒品大案。2005 年 11 月，他率领专案组赴缅甸千里追踪，和缅、老、泰警方联手，将国际大毒枭韩永万抓捕归案。此案缴获海洛因 700多千克和大批枪支弹药。他也因此荣立一等功。

李钦的军事指挥能力在海地表现得淋漓尽致。2008 年 4 月，海地首先从莱卡爆发了波及全国的暴力骚乱，造成 6 人死亡、80 多人受伤，22 个加油站、450 多辆汽车被损毁，150 多家商店遭到打砸抢。

在首都太子港驻防的中国维和警察防暴队是被联海团第一个派遣到那里实施平暴处突任务的。接到命令，李钦带领全副武装的队员跳上装甲车，奔赴 200 公里外的莱卡。途中，他们得知联海团一名雇员一家 5 口被暴徒劫持，需要立即营救。前进的路不断被暴徒用焚烧的汽车阻挡，李钦下令强行冲卡。队员们不畏牺牲，冲破层层重围，赶到了人质被劫持地。李钦迅速把队员分成外围警戒、抓捕、掩护三个战斗小组，交叉掩护前进，最后破门而入。暴徒的枪在枕头下还没来得及拔出来，便被防暴队员制伏。前后仅用 25 分钟，队员就将分别关在两处的一家 5 口解救上车。

在各方的共同努力下，10 天后，莱卡地区恢复了秩序。

联海团总警监迪亚罗在评价中国防暴队的表现时说："你们充分展示了团结协作的能力。你们的表现足以让你们的国家和人民为你们感到骄傲！"

李钦率领的第六支维和警察防暴队圆满完成为期八个月的维和防暴任务，于 2008 年 8 月 15 日返回国内，全队 125 名队员创造了"零伤亡、零违纪、零退返"的纪录。

2009 年 3 月，根据公安部命令，以云南公安边防总队为主组建第八支维和警察防暴队，李钦成了领军的不二人选。2009 年 6 月 13 日，刚从海地回国不到 10 个月的李钦再次带队奔赴海地。而这次，他未能平安归来。

第六支维和警察防暴队出征海地时，钟荐勤是其中第六战斗小队队员兼"新闻官"。

在莱卡营救人质过程中，钟荐勤就在一线，和对方狙击手的距离不过一条街，他的选择却是："把拿手枪的手握在相机上，左右开弓，把珍贵瞬间记录下来。"

在第六支维和警察防暴队驻扎海地的 8 个月期间，他在中央、省、市媒体共发稿 306 篇，其中播发电视专题片 14 部。2008 年大年初一，中央电视台国际频道播出了反映防暴队员一天执勤生活的电视专题片，新华社发了题为《海地春节乐融融》的报道，都是出自他之手。据统计，他拍摄的视频资料 DV 带多达 267 盒，资料照片有 6 万余张。

就在夫妻俩兴致勃勃地为即将出生的孩子购置家什的时候，2009 年 4 月，第八支维和警察防暴队组建，钟荐勤再次成为成员之一。

钟荐勤出征海地的第 4 天，他的女儿出生了；可是在女儿出生之后第 210 天，他自己却永远地走了。作为一名新闻宣传官，他的相机里留下了许多人的身影，却最终没能亲手拍摄过女儿的笑脸……

第二章 精英

粗缯大布裹生涯，腹有诗书气自华。八位英烈，作为业务精通、出类拔萃的精英，为建设高素质的中国警队赋予了新的内涵。

一

"李晓明原本在县级公安局任职，借调两年后，就正式调入公安部工作的民警，非常少见，足见他有多么出色。"

——公安部国际合作局副巡视员李祝群说

10 年间，中国向七个任务区派遣维和警察 1569 人次，他们都是从近 200 万民警中挑选出来的警界精英。在突如其来的地震灾害之前，中国维和民警一直保持着零伤亡记录。而零伤亡的背后，是他们精湛的专业素养和业务技能。

赵化宇 2006 年首次参加公安部组织的维和海选，就从近千名参选民警中脱颖而出。为实现自己的维和梦想，他经历了多次培训和考试，终于在 2009 年 9 月 25 日第 3 次通过维和甄选、电话面试之后顺利登上前往海地的航班。

维和警察不仅身体素质、业务水平要过关，还要能够熟练使用外语，真可谓是文武双全。李晓明的英语好到让国外同行吃惊的水平，雅思考试考了 7.5 分。在东帝汶的一年时间里，李晓明以联合国东帝汶维和警察专家身份，为东帝汶警察体系制定出多个远期发展规划，为东帝汶建立起科学、系统的警察体系作出了积极贡献，并因工作成绩突出，受到联合国维和警察总警监的嘉奖表彰，还获得联合国和平一级勋章。

公安部国际合作局副巡视员李祝群说，李晓明原本在县级公安局任职，借调两年后，就正式调入公安部工作的民警，非常少见，"足见他有多么出色"。

2006 年 2 月 15 日，和志虹就是用娴熟的英语与两名犯罪嫌疑人"闲聊"，她凭着一双慧眼，愣是从人的脸庞上看出差异，查出假护照，将其一举抓获。

在去海地执行维和任务前，钟荐勤已干了 6 年的电视报道工作。在缉枪缉毒和新闻报道等方面做出了突出的成绩，先后荣立二等功一次，三等功三次；拍摄制作的电视作品曾获得全国法制好新闻二等奖、公安部金盾文化奖、中央电视台法治频道特别贡献奖和最佳取证奖。

钟荐勤酷爱写作，不管平时工作多忙，他总是要匆匆记下几笔。如今他生前写的有关维和警察的文字散见于报刊网络，那一句句饱蘸着维和深情的文字打动了人们的心，"这是我人生第一次经历战火的洗礼，在危城莱卡的10天里，与武装匪徒的交火时常发生，那些日子连睡觉都是抱着自动步枪和衣而眠，虽然危险而又艰苦，但我觉得这是我人生最值得珍藏的一笔财富。"2009年，他写的记录维和警察战斗生活的长篇小说《唯有情牵》出版。

曾在清华大学留校任教的王树林在领导和同事眼中绝对是一位专家。装备财务局陶军生副局长感慨地说："王树林的业务水平可以用'精通'两个字来形容。"在他被任命为特种警用装备标准化技术委员会特种车辆组组长时，领导考虑到他的身体状况，有点犹豫，但马上遭到车辆组其他人的反对。他们都说：老王是专家，有了他再艰难的工作都能顺利开展，他不干可不行。这位难不倒的专家，曾参与补助中西部基层公安机关2万辆警务用车的工作，利用专业知识，为国家节约经费2.6亿元。

电脑对于1952年出生的王树林来说本来是陌生的，然而他在相当短的时间里不仅学会了使用，还学会了软件和硬件维修，这让很多年轻人自愧不如。同事的电脑出了毛病，通常会请王树林帮忙修理。王树林俨然又成了一名电脑专家，不管是软件还是硬件的毛病，他都能应付自如。

二

"每到有紧急、重大的任务，我们第一个想到的就是王树林。"

——公安部装备财务局副局长陶军生说

日月含悲，江河呜咽。不辱使命，鞠躬尽瘁。壮烈牺牲的这八名精英中，有即将退休的老干部，也有带病坚持工作的专家，更有女儿已经出生半年却还没来得及看上一眼的父亲……如果不是因为这突如其来的地震灾害，如果不是因为他们的牺牲，也许我们永远都不会知道他们的名字。因为他们从穿上警服的那一天起，就已经选择了自己的使命——默默奉献。

做事要"敬业、勤奋、认真、敏锐、承担"，做人要"骨气树人格、正气树形象、勇气克困难、智气迎挑战、朝气养精神、和气赢民心"，这是公安部装备财务局局长朱晓平的座右铭。

在公安部装备财务局经费保障指导处处长么子国的记忆里，每次跟朱晓平出差都是下了飞机带着行李直奔会场。"记得2009年9月15日，在湖南召开公安经费保障体制机制改革座谈会时，我们是晚上11点赶到湖南，朱局长连夜亲自审定会场布置。这次出发去海地之前，他仍然牵挂公安经费保障体制机制改革政策落实问题，专门向我交代如何深入调研，了解公安经费保障体制机制改革后的问题与意见⋯⋯"

老骥伏枥，志在千里。岁月在郭宝山这位已届花甲之年的老人头上留下了深深的印记。他的头发已经有半边花白，可年龄挡不住他奉献的热情。22 年前，他从部队转业到公安部工作，举手投足间，依然保留着军人的作风，从外事局主任科员干起，一直到国际合作局副局长，同事们记住了他和蔼的笑容。从 2004 年起，先后有 8 支维和警察防暴队赴海地参加维和行动。每支队伍从组建、培训到派驻，都凝聚着郭宝山的心血。警队到达任务区后，他经常去查看是否缺装备、生活用品，随时协调解决，中国维和警察队伍的装备条件往往让其他国家的队伍"眼红"。

与即将退休的郭宝山一样，曾经做过心脏支架手术的王树林选择了奉献。"每到有紧急、重大的任务，我们第一个想到的就是王树林。"公安部装备财务局副局长陶军生说。

为了制定警用特种车辆审定标准，2009 年 12 月 21 日、22 日，王树林在郑州组织召开业务研讨会；26 日、27 日，他紧张工作的身影又出现在无锡会议上。装备财务局陶军生副局长担心他过度劳累，劝他说："不要太累了，歇一歇再干。"他说："一定要在 2010 年前把该做的工作完成，不能拖。"直到 30 日，他才回到北京。在赶赴海地执行任务前，他还制订好了下一步的工作日程。

三

"不要放下机器，不要落下任何东西，镜头是补不回来的。"

——钟荐勤对同事说

在各国维和部队中，我们的队伍最"耀眼"——队员们全都剃了光头，因为每天都可能遭遇枪战，为了急救方便，他们削发明志，从"头"做起，向世界展示了中国维和警察无所畏惧、不怕牺牲的形象。

和平年代，人们很难想象战火纷飞的场景，但这却是每一个维和警察真实的经历。他们身穿防弹衣，24 小时枪不离身。为了完成任务，随时要面对可能的受伤甚至是牺牲，这该需要多么大的勇气和决心！钟荐勤在日记里曾写道："在这样动乱的国度，危险如影随形，什么事都有可能发生，每一个黑洞洞的窗户都隐藏着危机，叫人防不胜防。迄今为止，已经有 32 名维和人员在这里献出了宝贵的生命。"

2005 年 10 月 1 日，印尼巴厘岛发生大爆炸时，李晓明正住在离爆炸现场只有 50 多米的酒店内。李晓明以超越年龄的镇定，指挥大家自救。所有队员，除一人的大腿被碎玻璃划伤外，皆无伤损，得到广泛好评。

李钦和他的战友是在一种什么样的状态下工作的啊！他们每天 24 小时按照临战状态进行。人人全副武装，高度戒备，身穿防弹衣、头戴钢盔，带对讲机、95 式冲锋枪、狙击步枪、机枪和充足的弹药等，全身装备重达 50 斤，在平均温度高达 40 度的环境里，站岗、巡逻、执勤不到几分钟便已汗流浃背，乘坐在闷热的装甲车里更是汗流如注。

"白天和罪犯战斗，晚上和蚊子战斗！"由于当地天气炎热，蚊子横行，毒性较大，传染性强，不论在室内还是室外，不论是白天还是晚上，蚊子无处不在、无时不在，队员们个个深受其害，有的队员被咬得"遍体鳞伤"。因此，打蚊子是队员们每晚的基本功，每个人都得学会对付这群可恶的"敌人"。每晚睡觉前，大家都要在蚊帐里进行一次彻底的"清剿行动"，如果一不小心留下一两个"漏网之鱼"，第二天肯定要被叮起一个个又红又肿的包块，奇痒难耐。执勤时，为了不受恶蚊骚扰，有的队员带上驱蚊水、风油精和花露水，有的穿长衫、长裤来防御。

"记录下发生的一切，包括每颗子弹划过空气的声音。"这就是钟荐勤的新闻工作原则。

在国境线上，他曾用手中的摄像机完整拍摄了一桩桩毒品案件的取证资料，真实记录了众多侦查员在缉毒一线舍生忘死的英雄事迹，留下了珍贵的史料。云南公安边防总队新闻站干事张林一直记得钟荐勤跟他说过的一句话："不要放下机器，不要落下任何东西，镜头是补不回来的。"

第三章　大爱

情感是信念的基础。八位英烈，爱和平，爱家人，爱战友，爱生活，他们展现了有血有肉、重情重义的中国警察形象。

一

"我们已观察很久，在海地，只要中国防暴队一出现，当地群众就会抱以善意的回应。"

——联海团副总警监布莱斯先生在接受中国国际广播电台驻墨西哥记者采访时说

2009 年 6 月，和志虹再一次郑重地作出选择，再度远赴海地，再一次将年幼的孩子托付给远在丽江的父母。

她说亏欠孩子太多。但她却是数十个海地孩子的"和阿姨"，是她让海地的孩子们走进了中国警队的大门，是她教他们说汉语，让他们在地图上认识中国，在情感上认同中国。而他们，此刻，他们恐怕不知道，和阿姨真的变成了一片羽毛，一片白鸽翅膀上的羽毛，承载着和平的心愿，带着对他们无尽的爱，回到了祖国。

浓云片片，泪雨纷纷。这样柔情似水的志虹，怎能让人不心疼？

2008 年"六一"国际儿童节前夕，李钦率防暴队队员前往圣·安娜教会学校。这个学校缺乏资金，条件非常差。中国防暴队向学校捐赠了大量食品及部分生活用品、学习用具。他们和孩子们一起举办了"北京奥运文化趣味运动会"，吸引了附近数所小学 460 名小学生参与。

第六支防暴队在海地的 8 个月里，李钦带领队员从驻地辐射至周边 200 公里，走访残疾人扶助组织、教会学校，乃至山区农村和城市的贫民窟，尽己所能帮助当地民众。

2009 年 9 月 21 日，防暴队海恩执勤分队在完成任务返回途中遭遇飓风，被洪水围困。附近村寨的村民主动送来椅凳、塑料布帮助队员脱险，之后又从自己家中拿出盆、桶从河里抬水，把防暴队的车辆清洗得干干净净。

联海团副总警监布莱斯先生在接受中国国际广播电台驻墨西哥记者采访时说："我们已观察很久，在海地，只要中国防暴队一出现，当地群众就会抱以善意的回应。这是以李钦为代表的中国防暴队长期以来在出色地完成维和任务的同时，主动帮助海地民众的结果。"

大音希声，大爱无疆。这样博大深沉的李钦，怎能让人不心疼？

"小红莓"是最让李晓明魂牵梦萦的乐队。他曾在博客中写到，爱好和平、反对政治和战争是爱尔兰音乐悠久的历史传统，"小红莓"把这一传统发扬到极致，几乎每张专辑都有对战争的鞭挞。他们在歌中的呐喊和宣泄曾让年少的晓明感动不已。

而音乐与生活是紧紧相连的。

生活中，作为警察的晓明足迹遍及海地、阿富汗、东帝汶、科索沃等 7 个任务区，为中国警察的维和事业付出了心血和汗水。在那些遥远的陌生之境，他看到了满目疮痍的国度、流离失所的亲人、骨瘦如柴的身躯、失望冷漠的眼神，还有离他如此之近的死亡。对于人生、对于生命，他有了更加深刻的理解。而十年坚持不懈的维和工作令他的这份理解荡气回肠。

"中国维和警察今天能够得到国际社会的尊重、能有今天的成就，有李晓明的一份心血和功劳。"公安部国际合作局欧洲工作处处长韩林说。

从决定从事涉外工作的那一刻起，晓明就已有了奉献和历险的自觉。这些年来，远离亲人、在异国他乡跋涉已成为他的工作常态；动荡奔波，面临可能的危险也已成为他生活的一部分。

哀泣声声，呜咽沉沉。这样善良优秀的晓明，怎能让人不心疼？

英魂不泯。惟愿天堂没有战乱、饥荒和贫穷。在那里，刀枪入库，铸剑为犁，善良的英雄们可以不必再为苦难而悲伤。

二

"回国的感觉真好，可以一手抱妻子，一手抱孩子。"

——钟荐勤曾憧憬地告诉妻子

有人说，太疼的伤口，你不敢去触碰；太深的忧伤，你不敢去安慰；太残酷的残酷，有时候，你不敢去注视。

如今，前所未有的人生和茫茫的时间，无情地横在了英雄与亲人们的面前。

年近六旬的郭宝山，等待他的，原本是退休后的含饴弄孙，尽享天伦。而如今，老伴只能守着往日美好的记忆默默垂泪。

对于家庭的责任，郭宝山同样全身心地付出。

1月14日，局里的同志到郭宝山家中探望，老伴叹息：他去海地之前所有的事情都帮我做妥帖了，连小狗的指甲都剪了。

曾经以为，可以牵着对方的手一起看夕阳；曾经以为，可以坐在摇椅上一起慢慢变老。更以为，这次从海地回来后，可以共同为儿子主持婚礼。

一切都随着他的离去，无法再实现。

没有时间陪伴家人，成为英雄们永远的遗憾。

钟荐勤曾憧憬地告诉妻子，回国的感觉真好，可以一手抱妻子，一手抱孩子。

如今，他终于回家了，却再也无法给妻子一句轻柔的话语、一个温暖的眼神、一个结实的拥抱。今后的相见，只能在梦中。妻子梦见他回来了，在某个淡灯摇曳的雨夜里，还是那样的英姿飒爽、意气风发。醒来，方知是梦，天色幽幽，怅然不已。

还有他最最疼爱的女儿，在他出征后的第四天出生。万里之遥的他只能通过 QQ 视频与女儿相见。因为时差，他每天只有下班后的一小时可供珍惜——那个时候，正好是国内刚刚天亮，妻子徐宏会趁着上班之前的间隙，将小女儿抱到电脑前让爸爸瞅瞅。

但是，他还没有机会亲手抱一抱他可爱的女儿。

盼望日子却没有了归期，等待奇迹却没有了奇迹。

"想想未竟的事业、未尽的孝道、年幼的孩子，我的眼泪不知不觉流了出来。我对自己再三说，不要慌，不要慌，要挺住！"这是赵化宇的日记《阿根廷医院，不相信眼泪!》里的一句话。

有了孩子以后，赵化宇的妻子辞掉工作，来北京抚养孩子，一家人团聚了，哪晓得……

原本打算维和工作结束后把父亲从农村接到北京做腿部手术，但是现在他的妻子只能瞒着老人说房子没装修好……

赵化宇打电话时经常说想儿子，说没有尽到做父亲的责任，没想到竟从此分离……

三

"世界其实是美好的，所以应该怀着感恩的心认真过好每一天；快乐像香水，洒在自己身上，别人也能沾上一点点……"

——李晓明生前的博客签名档

英雄壮志未酬，战友泪满衣襟。

战友眼中的晓平，有着独特的人格魅力——正直、大度、热情、谦和、儒雅。

他十分讲党性修养，在各种场合强调公安装备财务干部要讲党性原则，凡是要求别人做到的，他自己会先做到；

他十分注重向老同志学习，上任装备财务局局长后，立即拜望退休老同志，虚心请教；

他十分关心干部成长，多次找一些处级领导干部谈话，传授经验，提出希望和要求；

他十分重视年轻干部的培养，通过青年干部座谈会等形式，倾听大家心声，给予谆谆教诲，寄语装备财务局青年干部"要坚守'正、诚、善、谦、实'五个字，做一名党的忠诚卫士和合格的装财干部"。

生命遽然而逝，留下的，是英雄们对生活的那份热爱与感恩。

"世界其实是美好的，所以应该怀着感恩的心认真过好每一天；快乐像香水，洒在自己身上，别人也能沾上一点点……"这是李晓明生前的博客签名档。

同学眼中的晓明，是聪明的，善良的，上进的，坚毅的，幽默的，乐观的，沉稳的，有才的。当时并辔，桃李媚春风。几许少年俦侣，同游日酒与情浓。照片里，年轻的晓明有着一张灿烂帅气的笑脸。

平日里，他总是一副嘴角上翘、乐乐呵呵的样子。无论学习上、工作中遇到多大的困难，多重的担子，他总是呵呵一笑，坦然面对，总能放正心态，而问题最后也总能得到解决。同学从没见他真正被难倒过，即使愁眉紧锁，也是他故意装出，逗大家一笑。

他兴趣广泛，喜烹饪、懂摄影、爱唱歌、会跳舞，还能说相声、演小品，篮球打得不错，乒乓球一样很棒，大学期间，还主持过晚会，参加过英语演讲，甚至尝试将大学的生活写成小说，改成剧本，试图演绎他自己。他热情细致，朋友众多，总是给予周围的人欢乐、安全和幸福。

而今，他回到北京，回到他曾经热爱的土地，他对世界的情义将永远铭刻在世纪的史记里。

碧血映长空，丹心照九州。伟大的维和事业，就是八位英雄的心血与生命。

是他们，为战乱中的人们带来希望。

是他们，用大爱呼唤世界的繁荣与安宁。

是他们，用短暂而辉煌的生命，诠释了人类爱好和平的共同行动。

是他们，用博大而无私的情怀，闪耀了人类必将走向和平的曙光。

（摘自《人民公安报》，2010 年 1 月 22 日）

（二）珍藏的纪念

说实话、干实事的朱晓平

张　彬

他走了，步履匆匆，但他用人性的本真和对公安工作的一腔真情，诠释了新时期人民警察的精神，树立了新时期公安局长的榜样。

他善谋大局，在短时间内使装财工作跃上新台阶

"晓平是个政治敏锐性极强的人，善谋大局，工作极其深入，很有工作思路。"面对采访，公安部装备财务局副局长刘明望说，"他在短短6个月的时间里，深入天津、河北、山东、上海、福建、浙江、湖北、湖南、江西、陕西、甘肃、新疆等12个省、直辖市的市、县级公安机关开展调研，广泛听取各方意见，重点就当前和今后一段时期的公安装备财务工作要抓什么、怎么抓的问题进行了深入思考，提出了工作思路。"

"朱局长善抓重点突破，善于协调，尽全力从根本上解决制约公安事业发展的保障不足问题。"装财局副局长毛甫金说，"为了确保管好、用好国家财政的钱，他要求有关部门加强政策研究，健全管理制度，充分利用信息化手段开展管理、监督，很好地保证了政策及时贯彻和资金落实到位。在较短的时间里，他通过积极努力，与财政部、国家发改委建立了良好的工作关系，建立了良好的工作友谊，赢得了各方的普遍好评，为进一步加强公安保障工作打下了坚实的基础。"

"朱局长特别注重基层和实战，始终把满足和适应基层和实战需要作为公安装备财务工作重心。在保障基层方面，他提出公安装备财务工作要做到人往基层走、劲往基层使、钱往基层花、物往基层投。"申志高副巡视员说，"'7.5'期间朱局长在新疆调研时与援疆特警队、市县公安机关、派出所、拘留所有关同志促膝长谈，认真听取意见和建议。当他了解到一线维稳民警只能住在简易帐篷里，既不安全也不能有效抵御风寒时，他立即指示调集了一批由集装箱改造的活动营房供一线民警使用。当他了解

到严冬将至，新疆一线的特警队还没有配备御冬衣物时，他立即指示有关部门连夜采购冬执勤服和毛衣、毛裤、毛皮鞋，在降温之前送到了援疆特警手中，被同志们尊称为'三毛局长'。"公安部装备财务局副局长刘明望说："新疆'7.5'事件发生后，根据孟部长认真查找'7.5'事件公安装备保障暴露的问题，提出进一步加强和改革的意见等指示，他带领人员不顾个人安危，多次赴新疆一线公安机关和重点地区调研，推出了《关于认真总结'7.5'事件经验教训切实加强公安装备建设的报告》，得到了孟部长、焕宁常务副部长和其他部领导的高度评价和肯定。"

他善带队伍——凡是要求别人做到的，他自己会先做到

朱晓平为打造一支"政治坚定、作风扎实、素质过硬、清正廉洁、战斗力强"的公安装备财务队伍倾注了大量心血。

装财局局长助理王强说："朱局长十分讲党性修养，在各种场合强调公安装备财务干部要讲党性原则，要用一名合格的党员标准来要求自己。凡是要求别人做到的，他自己会先做到。"

他十分注重思想政治建设，强调班子团结，多次分别与班子成员交心，凡是重要工作，均会充分听取班子成员的意见，形成了良好的民主氛围。他十分注重向老同志学习，上任装备财务局局长后，立即拜望退休老同志，虚心请教。他十分注重文化建设，临时组织装备财务局合唱团，通过在较短时间训练，取得了公安部机关二等奖的历史最好成绩，并且要求把合唱团作为丰富文化生活的重要形式坚持下去。通过组织合唱团、摄影比赛等文化活动，将全局同志团结一起，增强了集体荣誉感，增进团体凝聚力。他十分关心干部成长，多次找一些处级领导干部谈话，传授从政经验，提出希望和要求。他十分重视年轻干部的培养，通过青年干部座谈会等形式，倾听大家心声，给予谆谆教诲，寄语装备财务局青年干部要坚守"正、诚、善、谦、实"五个字，做一名党的忠诚卫士和合格的装财干部。他还经常主动与年轻干部谈心，讲授心得体会，鼓励工作干劲。他十分注重做事情先做人，在2009年工作总结会上，要求全体干部在做事上要"敬业、勤奋、认真、敏锐、承担"，做人上要"骨气树人格、正气树形象、勇气克困难、智气迎挑战、朝气养精神、和气赢民心"。

他敢于担当——"你们放手去干，出了问题我来负责"

机关人人都在做事，但思想境界不同，实际效果也不尽相同。青年人做事，要努

力达到"三个境界"：有追求有精神有责任。这是朱晓平对局里年轻干部常说的话。

"工作上你们要放手去干，出了问题我来负责，有需要解决的实际困难，我来想办法。"技术装备处副处长刘延华回忆道，"朱局长经常这样鼓励青年干部要在自己的工作领域和岗位上有理想，有作为，有建树，做一个不可多得的人，而不是可有可无的人。年轻干部要会干事、能干事，干成事。"

"他对工作是真抓，对我们是真爱护呀！不久前，他对局机关部分干部住房难、子女入学难等实际困难进行一次全面摸底，拉出单子，想方设法，积极帮助干部解决后顾之忧问题。"装财局计划处王春英处长动情地说。

他注重品格修养——以独特的人格魅力感染着周围同志

从与朱晓平共事的战友、同事的交谈中，你会深深感受到朱晓平独特的人格魅力——正直、大度、热情、谦和、儒雅。

公安部一局于成平副局长介绍说，作为一名领导干部，晓平同志做到了对党忠诚，在大是大非面前始终保持政治上的敏锐、清醒和坚定；具有较高的政策理论水平，能够从大局和全局上把握运用党和国家政策，正确处理工作中遇到的各种问题；具有较强的组织领导能力，能够有效地调动组织起大家积极做好各项工作。作为公安部港澳台办副主任和香港工委警务联络部部长，晓平同志在推动内地公安机关与港澳警方交流合作，共同打击跨境犯罪，维护内地及港澳社会治安方面作出了重大贡献。晓平同志善于学习，能够自觉加强党性修养和道德修养，为警清廉，拒腐防变，从来不做对不起家人、对不起党和人民的事情。他胸怀宽广，待人宽厚，能够与群众打成一片。

公安部一局刘威华副局长回忆与朱晓平共事时感慨良多，晓平同志由于长期忘我工作，积劳成疾，但他 2003 年冬天奉命带领公安部工作组在新疆工作期间，冒严寒、顶风暴，深入塔克拉玛干沙漠，登上海拔 4000 多米的边防哨所，3 个月中行程近 3 万公里，走遍了新疆全部 15 个地州和兵团 10 个师，深入 43 个县级公安机关、11 个公安边防支队和 112 个基层所、队，对当地公安工作进行了深入细致的督导调研。在 2 月24 日南疆地震当天，他驱车 350 多公里赶到灾区看望一线公安民警，慰问维族群众。民警对他们不怕艰险、连续奋战的精神深表感动。一位年逾 70 的维族老人拉着朱晓平同志的手热泪盈眶地说："感谢党，感谢政府，感谢人民警察。"

他说实话、干实事、求实效——注重抓好人才培养

公安部一局政治处的同志介绍说，朱局长作风正派，为人豁达宽厚，说实话、

干实事、求实效，注重培养健康向上的情趣……深深地影响着周围的同志们。他把忠诚教育作为队伍建设的重要抓手，采取了一系列措施，使广大民警始终做到了"四个忠于"，保持了清醒的政治头脑、敏锐的政治眼光、严明的政治纪律，具备了扎实的业务素质，为更好地承担起党和人民赋予的政治和历史责任奠定了基础。朱局长还非常关心干部的生活，经常热心主动地帮助干部家庭解决实际困难，使大家深受感动……

"朱局长十分注重培养人才，"公安部港澳台办宫艳萍处长说，"他在港澳台办工作期间，举办了公安外事工作培训班，经常到学校与同学们一起学习交流，与学员结下了深厚的友谊，在他的鼓励下，所有学员都以优异成绩毕业。"他还鼓励大家利用所学知识积极投入国际维和工作，一些学员在维和事业中作出了突出贡献，有的成为出色的警务联络官。

他还有许多好的工作设想来不及实施

"我们都在为他祈祷，朱局长到任后，调研走访、定思路、抓工作、带队伍……"公安部装备财务局办公室副主任廖敏说，"他计划从海地回来后带装备财务局全体干部到延安革命圣地参观学习，要请装备财务局离退休干部回到局里进行座谈交心，要跟借调到局里的同志进行座谈交流……"

"这次去海地，他要是能先休息一下，也不至于……他还有太多的放不下……"公安部装备财务局经费保障指导处处长么子国哽咽道，"平时我跟朱局长出差比较多，每次都是下了飞机带着行李直奔会场。记得2009年9月15日，在湖南召开公安经费保障体制改革座谈会时，我们是晚上11点赶到湖南，当时朱局长一刻也没有休息，连夜亲自审定会场布置。朱局长从德、能、勤、绩、廉五个方面为我们树立了榜样，这次出发海地之前，周五下班后，他仍然牵挂公安经费保障体制机制改革政策落实问题，专门跟我交代如何深入调研，了解公安经费保障体制机制改革后的问题与意见；如何通过设立专项资金等方式，管好用好中央公安转移支付资金；如何加强协调沟通，与中央政法各部门多交流，与财政、发改委多协调，与中央司改办多汇报……"

说实话、干实事是朱晓平同志的人生写照。他的离开，是公安工作的损失。他将永远活在我们心中。

（摘自《人民公安报》，2010年1月17日）

舍不得让你走

——痛悼朱晓平兄

徐 翼

我透过映满鲜花的玻璃窗向你看去，却怎么也看不清你。

夜太黑。

我的泪水也盈满了我的双眼。

我怎么会用这种方式，面对你最后的微笑？

2010年1月18日的深夜，清寂肃寥。我独自来到天安门广场东侧设在公安部机关大院里的灵堂，和你默默对视，向你作最后的告别。

你一如往日那样，沉静而略带腼腆地朝我微笑着，就如你以往话语不多，却热情尽在无言中的表情。

晓平，你怎么就走了呢？

你不是和我儿子他爸、你的老弟已经约好，等你从海地回来后，要一起聚聚的吗？

闻听海地发生地震的消息，你老弟就无法遏制对你的牵挂，不放过每条来自海地的消息，守着电脑的滚动新闻直至深夜。

我们是那么盼望着来自海地的消息，却又如此害怕听到来自海地的消息。看到坍塌得完全彻底的废墟画面，我们的心一阵阵发紧，却依然希望着会有奇迹发生。

但现实还是无情地夺走了我们仅有的那一点点可怜的自欺欺人。

当你的名字终于出现在遇难者名单中时，我们的大脑刹那间一片空白。无声的泪水滑落脸颊。满满的心碎成了一片一片的痛。

我还是不相信啊！

看到电视画面上在海地的维和士兵把你们的遗物送上飞机，纸盒子正好贴着"朱晓平"三个字，我的心空了……

就在2009年11月，你们作为公安部现职厅局级干部，到井冈山开会，你还拉着你老弟一起在黄洋界炮台边上合了个影。阳光下，人到中年的你俩笑得多像两个小伙子。谁曾想，朝夕相处20多年、兄弟情深的哥俩，竟就留下了这唯一的一张两人单独合影！

如今，我们细细端详着这唯一的合影，发现你俩竟真的越来越像兄弟！

我从没见过你穿警服的模样。这一刻，我发现身为高级警官的你们真帅啊！

我们之间的友谊有多少年了？

当1984年的8月，你们俩大学毕业被同一天分配到公安部后，朋友的至交从此比亲情还来得浓烈，来得持久。我的家属身份半路加入，更让我享受到了兄长般的深沉和无私的呵护。

20世纪90年代初，当我怀上孩子后，从每月一次直到每周一次的例行产前检查，你都成了我的义务司机，忙里偷闲却不辞辛劳地从东城到西城，接送我到医院。要知道，那时的小汽车是绝对的奢侈品，你却"假公济私"，用单位的桑塔纳为我"保驾护航"。

1991年新年第二天的凌晨五点，未到预产期的我突然出现临产征兆。你老弟不假思索就想到了你，而你那天正好在单位值班。未几，你就将车开到了门前。在呼号的北风中，桑塔纳的那两盏大灯就像救星一样明亮和安全，让我霎时忘却了疼痛、无助与害怕。你是我和儿子的救命恩人。

要不说我们就是有缘呢！6年前，我们又成为楼上楼下的邻居。那天，我们到你家串门，漂亮而活跃的嫂子热情地把我引到每个房间，炫耀地展示着自己设计和装修的杰作。听着我俩大声地喧闹，躺在沙发上惬意地摆弄投影电影，你静静地坐在餐厅的桌子边，看着我们两个女人，满足地微笑着，眼光依然是那样的默默而含蓄。

同事们评价你正直、大度、谦和、儒雅，我想，用这些词来描述你工作时的状态一点儿也不为过。可我要说的是，你真的是一个性情中人，一个对工作雷厉风行、对生活热情奔放的人。你和嫂子恩恩爱爱，超级投缘，闲暇时，兴致下，你俩会打开一瓶白酒对酌品饮。那情景，早已成为我们圈中的佳话了；那情致，有几对夫妻能享受？

如今，欲与君对酌，君又在何处？

19日，是你和另外7位战友魂归祖国的日子。北京的天，清晨起便阴云低垂，雾霭靡靡；傍晚时分又开始降温，细雨淅淅。上天用这种哀恸的表达，诉说着自己的无奈与哀思。

晓平，你老弟和战友们一早就都到了首都机场。我们接你回家了。

（摘自中国警察网，2010年1月29日）

日 环 食

——悼念晓平兄弟

杨 锦

　　海地发生里氏 7.3 级大地震不久，我国本世纪首次出现日环食。时隔 23 年迎来未来千年内最长日环食天象，罕见"日牙"映红天幕，残阳如血，时间是 1 月 15 日。在儿时的记忆中，老家人管这种天象叫天狗吃日，冥冥中似乎总是有一种恐怖和不祥的感觉。而正是这一天，我国公安部通报了在海地地震中我维和警察失去联系人员名单。在八名战友中，有五名来自公安部机关，三名是来自云南公安边防部门的维和民警。其中朱晓平是公安部装备财务局局长，是我的好朋友。乍闻此讯，我难以相信这是真的，脑子里一片空白，无声的泪水夺眶而出。1 月 6 号上午，我们俩还在公安部大楼 B 座 611 会议室作为出版体制改革领导小组成员一起开会。临走时，他还说过两天要去海地，回来兄弟几个一起聚聚，我说好啊，等你回来。谁知这一去竟是永诀。

　　忽然想起一位朋友发的短信："也许人永远不知道，谁哪次不经意地跟你说了再见之后，也许就真的不见了。"

　　经历了汶川大地震的悲痛和奇迹，伤口似乎还未愈合，又开始面对海地的痛。我渴盼着海地能有奇迹发生。一天，两天，日子是如此漫长难熬，在牵挂中等待，在悲伤中期盼，千万次的呼唤等不到废墟下半句回声，无数次的祈祷没有让生灵再现。终于，奇迹没有发生。

　　16 日 16 时 57 分，海地前方救援队挖出我失踪人员第一具遗体。1 月 17 日凌晨 3 时 56 分，当人们彻夜期盼时，晓平兄遗体最后一个在废墟下被找到，这是黎明前最黑暗的时分。期盼了许久，听到了最不愿听到的噩耗。

　　莫非是巧合，晓平英年早去，却与日月同辉，千年不遇的日环食竟与他宿命同时。"在无穷的远方，无数的人们都和我有关。"忽然想起鲁迅先生这句话，此时，海地，这个遥远的、灾难和痛苦不断的加勒比海小国和我们息息相关。

　　晓平兄生于 1962 年，长我一岁，我们是 1984 年 8 月从大学毕业同一个月分配到公安部机关工作的，岁月如梭，一晃已过 26 年。他热情、宽容、谦和、正直、儒雅、真诚的品格都给我留下深刻的印象。人生如酒，点点滴滴，冷热唇知；岁月如歌，隐隐约约，都留在记忆的深处。

记得到部机关工作结婚几年后，我夫人怀上孩子，从部机关大院家属楼四号楼八平米宿舍到复兴医院每周体检不方便，没有车又怕挤公共汽车，晓平兄知道后就主动帮忙，亲自驾车送我们到医院，每周一次，令我和夫人至今都十分感念。

后来，晓平兄去了深圳工作，再后来去了香港，任中央政府驻香港特别行政区联络办警务联络部部长，由于工作特殊，我们见面越来越少。听说他经常出差，2003 年在新疆带工作组三个月，走了三万多公里，足迹遍布天山南北。直到他去年三月调回部装财局工作，我们好像一下子见面的机会又多了起来。不久前，我向他反映了出版社办公用房及经费等问题。他十分热情，让我写报告反映，并主动说，要找时间到位处方庄的群众出版社亲自看一下，这种务实的作风也令我感动，谁知这并不漫长的行程成了未竟之旅。

去年 11 月，在公安部机关举行的"为祖国放歌"文艺会演，晓平兄忙中抽空几次来看节目，陪同部领导上台接见各地公安系统演员。说来也巧，好几次我们俩看节目都是挨着坐，一起交流，一同欣赏，谁知这种难忘的时光也成了一种奢望。

在晓平等八名战友被压埋的日日夜夜，我们每天为他们祈祷。当他们的遗体被送回祖国，我们去首都机场迎接那架南航的包机，在寒冷阴沉的天空下和列队战友们胸戴白花久久伫立迎接。那种不忍目睹刻骨铭心的痛，那种不尽的哀思至今难以散去。当我和成千上万的战友们、百姓们，在八宝山送别晓平兄等八位英烈后，我知道这历尽磨难又伤痕累累的身体和灵魂终于可以永远安息在故土了，苍穹之下，留给我们的只是无尽的怀念。

至今，我的影集里还放着去年年末在井冈山黄洋界上和晓平兄的一张珍贵合影，他的微笑很甜也很真诚，睹物思人，晓平兄的音容笑貌总浮现在眼前，让我倍感珍惜。

太阳每天都是新的，日环食后，太阳依旧，而海地的不幸灾难在日环食预言的时刻里没有奇迹发生，至今，我无法捡拾像瓦砾般散落的心的碎片，我看见太子港漫天哭泣的星星，也许，残缺的将不再复圆，直至永恒。

（摘自《啄木鸟》，2010 年第 3 期）

没有架子　亲如兄长

孙贵田　王传宗

已临近退休的郭宝山，对工作从来没有放松过。他说，要站好最后一班岗，为后人留下点什么。此次赴海地之前他也说过，要好好地去看望一下这支维和队伍。

他像慈祥家长一样关爱着维和警察

从一名普通的民警，成长为国际合作局警务联络官工作处处长，李莉一直在郭宝山的麾下工作。豁达谦和、积极热情、严格宽容，郭宝山的领导风范让她获益良多。

在担任亚非处处长时，郭宝山手下几乎清一色刚刚毕业的毛头小伙儿，作为局里的中坚力量，他有条不紊地推进工作的同时注重培养人才。时至今日，当年的毛头小伙儿纷纷成长为各自领域的专家，有的已经走上副局级领导岗位。

郭宝山工作起来十分投入。分管维和工作和警务联络官工作，有一半以上的精力要用在与国内有关部门的协调上。连续的出差，有时会一个连一个。"有时候遇到他，因为牙疼，嘴巴都肿着，吃不下东西，依然坚持出差。"欧洲处处长韩林说。

郭宝山没有架子。"跟他谈话，心里特别踏实，丝毫不需费心机，他总是温和而善良。"国际刑警工作处处长姜水说。说到郭宝山没架子，李佳音想起，有一天早上，因处理一份急件试着敲响了他办公室的门，太早了，他没期望领导能在。没想到，他不仅在，而且在自己动手打扫卫生。无论作为下级对上级、还是晚辈对长辈，李佳音脱口道："这些事情以后让我们做吧！"郭宝山笑了："不用。"办公室主任李国如对此感触颇深："他总是身体力行，很少麻烦别人。此次去海地他也不让我们送。他说，周末了，你们好好休息休息。"

2006年6月，李佳音在武警学院参加维和警察培训，有一天晚上9点多接到通知，部业务局领导要来看望大家。一会儿工夫，郭宝山一个人走进了他们的宿舍，坐在床边跟大家聊起来，问大家有什么困难。"如果没有事先通知，真的不会想到他会是部里来的领导。"

到利比里亚任务区后，李佳音和他的战友们不时会看到或听到郭宝山的叮嘱——注意生活、注意安全。他就像慈祥的家长一样关爱着维和警察们。

中国人民武装警察学院维和警察培训中心主任田久山记得，郭宝山常常到培训中心看望队员，他会细心地询问每个培训学员的鞋子是否合脚、衣服褪不褪色。"一旦发现问题，他会要求立即与厂家联系，退回重做，而且不能耽误培训和派遣。做到这一点很不容易。"

维和警察培训一天的伙食费是40元，防暴队亦如此。但后者训练强度大，体力消耗也大，40元明显不够。在郭宝山的争取下，防暴队的伙食费后来涨到一天48元。警队到达任务区后，他经常去实地考察，看是否缺装备、缺生活用品，随时协调部有关业务局解决。中国维和警察队伍的装备条件，往往让其他国家的队伍"眼红"。

对维和警察和驻外警务联络官，郭宝山都怀着深厚的感情。每每有人回国，他都尽可能陪他们吃顿饭、喝点酒，因为他知道，这些同志在海外奋战，没有这样放松的机会。

临近退休，他说要站好最后一班岗

幽默随和，乐观向上，郭宝山的笑容感染着每一个跟他接触的人。"他自己说是'局里最有魅力的男人'。"说到这儿，李祝群微笑了。作为跟郭宝山共事12年的同事，他一定记起了老郭充满感染力的笑容。

白了一半的板寸，腰板挺直，目光炯炯，保持军人气质的郭宝山充满着活力。"我每次遇到他都要互相敬礼，特别自然，就像见到我的老首长。不知怎么，他身上就是有一种亲和力，谦谦长者，没有架子。"同样行伍出身的欧洲处副处长傅兴潮曾与郭宝山共同出差一个多月，意外受伤后，他只能躺在驻地休养，郭宝山只要回到驻地必先前去看望，让他感动不已。

局里有一名普通干部家庭遭遇变故，生活困难。郭宝山送上一张超市购物卡："拿着，这卡是干净的，我自己买的。知道给你钱你不会收，拿着去买一些日用品吧。"接过卡的人感动得说不出话来。

对于自己的家庭，郭宝山同样全身心地付出。1月14日，局里的同志到郭宝山家中探望，老伴叹息道："他去海地之前所有的事情都帮我做妥当了，连小狗的指甲都剪了。"

郭宝山说，自己是农民的儿子，从小吃苦长大，赋予他朴实和大度，为官后的他，不希望看到别人再受到更多的苦。

公安战线国际合作资深专家

从事国际执法合作工作 30 多年，郭宝山一直刻苦钻研业务，潜心研究公安机关国际执法合作的方向性、政策性问题，是中国公安战线国际合作的资深专家。

2004 年分管维和警察和外派警务联络官工作后，郭宝山全身心投入，推动两项工作取得长足进步。目前，我国共向联合国 7 个维和任务区派出了 1569 人次的维和警察（其中包括 8 支赴海地维和警察防暴队），为我对外工作积累了宝贵的政治和外交资源。2004 年 10 月 17 日，公安部首次派出维和警察防暴队参加联合国在海地的维和行动。这是中国历史上第一次派出成建制武装性质的队伍在一个未建交的国家执行维和任务。这支队伍从组建、培训到派驻，每一个环节他都没少花心思。

（摘自《人民公安报》，2010 年 1 月 18 日）

郭宝山兄，魂兮归来！

邹锡明

1月13日，从电视上看到海地发生7级强烈地震，首都太子港所有楼房，包括总统府和联合国大楼都倒塌了，我不禁为我国派驻海地的维和部队干警的安全暗暗担心。

1月14日中午，何司长过来说："你知道吗？海地地震时，跟你一起出国的郭宝山副局长正在那里，据说被埋在联合国总部大楼里了。"当时，我都惊呆了。在刚刚过去的11月份我还随同郭局长考察乌兹别克斯坦、俄罗斯和德国的警务联络官工作，12月份公安部国际合作局宴请回京的驻乌李大使时，我还给郭局长敬过酒，真没有想到他竟然会遭此劫难。何司长还告诉我，他也是刚得到消息，得知他的一个朋友、公安部警务装备局局长朱晓平与郭局长还有部里两位干部组成工作组这次赴海地，一是慰问维和部队，二是协商换防事宜，没想到恰好碰上地震。

从那一刻起，我就时刻关注网络、电视上有关海地的消息，希望老郭他们并没有被埋。但是这种消息迟迟没有来到。

1月15日，与田副司长说起老郭的事，她的眼圈马上就红了。她说，维和部队以及警务联络官工作是近十来年才有的，郭局长在局里一直分管着这块工作，一直合作得很好。这次赴乌兹别克斯坦、俄罗斯、德国调研活动，也是郭局长积极促成的。也真是太巧了，怎么他们不远万里飞赴那里，那里就发生地震了呢？听她那么说，我的眼睛也湿润了，我说，是啊，在这次出国调研中，他多次给我讲维和部队的事情，说一般中国人很难去海地，因为两国没有外交关系，可为了维和部队的工作，他已经多次去海地，还说如有机会邀请我们一起去呢，怎么想得到会碰到这种事呢！

晚上7点，电视里明确报道在海地联合国大楼里被埋人员有郭局长。我想，作为与郭局长朝夕相处十多天的朋友，无论如何要表达此刻的心情，当即我给郭局长分管的李处长（她也是我们赴乌、俄、德调研组成员）发了一条短信，"惊闻郭局长在海地地震中被埋，心中十分悲痛。请代向郭局夫人表示慰问，同时我衷心地祈祷郭局长能转危为安"。李处长很快回了短信，"我正在郭局家里，谢谢"。我能够想象到此时老郭夫人悲痛的心情。在我们一起出国路途中，郭局长多次跟我讲起过他与老伴的事。他说，老伴早两年已经退休，儿子已经结婚，还没有生孩子，老伴在家没有事就养了条小狗作伴，小狗可好玩了，他 2010 年就要退休了，到那时就可以陪老伴玩了。可就在退休之年，竟然……我又拨通了周副处长（他也是我们赴乌、俄、德调研组成员）询问情况。他说，他们也都在着急地等待前方消息，郭局长这次刚到海地，就去联合国大楼商谈工作，刚进去不久就发生了地震。我们相对无语，我过了会儿才安慰他说，但愿救援队能够及时救他们出来。

晚上 10 点多，我在中央电视台新闻频道看到公安部孟建柱部长与海地前方救援组组长、公安部国际合作局局长刘志强通话的直播。在他们一句一句问答过程中，我多么希望能够听到"已经找到他们"这句话，但是很遗憾，地震发生已经 50 多个小时了，虽然救援队协调了各种力量，想尽了各种办法，但距离郭局长他们 8 人被埋的地方仍然还有 10 来米远。真是一段令人痛苦焦虑的距离！

时间一秒一分地过去，一小时一小时地过去，到 16 日了，从电视上仍然看不到郭局长他们被救的消息。72 小时黄金求援时间也渐渐过去了，他们生还的希望也渐渐地渺茫了。我的心越来越沉重。难道真的没有希望了吗？我多么希望奇迹的发生，多么希望郭局长他们会重新回祖国，回到我们的身边！可是，傍晚 5 点多接到报道，中国国际救援队总领队黄建发宣布，救援队已于当地时间 16 日凌晨 3 时发现中方失踪人员尸体；由于联合国大楼属粉碎性坍塌，所以其他被埋人员生还的可能性较小。刚才，中央电视台新闻频道主持人慕林杉与前方记者通话，记者报道：按照国际惯例，在现场举行了简短的遗体告别仪式，维和部队队员列队向遗体致敬，有队员写道"亲爱的战友，我们接你回家"。说到这里，记者的声音哽咽了，我的眼泪也夺眶而出。

1 月 17 日早晨，报道说 8 位中方失踪人员的遗体全部找到了，也就是说奇迹没有发生，郭局长他们 8 位在这次地震中全部遇难。在这个时候，任何语言已经都显得苍白无力。我只能在这里轻轻地说一声，郭局，你为国家的维和事业倾注了全部心血，祖国永远不会忘记你，人民在等候你们的英魂归来！我将永远怀念你这位可亲可敬的兄长！

维和英雄　浩气长存

——深切缅怀郭宝山同志

高　峰

　　"1·13"海地大地震发生后，我国赴海地执行维和任务战友的安危始终牵动着全国公安民警的心，也牵动着我们驻外警务联络官的心。当获悉朱晓平、郭宝山、王树林、李晓明、赵化宇、李钦、钟荐勤、和志虹八位战友失踪后，身在异国他乡的我心情尤为急切，时时刻刻为身处险境的战友祈福，期盼他们生还奇迹的出现。不久噩耗传来，八位战友在地震中全部罹难，我与从警近三十年的妻子相对无语，泪流满面，我们的心在阵阵作痛，为失去优秀的战友和可亲可敬的兄长感到万分痛心和惋惜。

　　在这八位维和英雄中，我最熟悉的莫过于郭宝山副局长，他不仅仅是国际执法合作的资深专家，更是严于律己、身先士卒的优秀代表。在我刚刚从事涉外工作时，结识了时任公安部外事局副局长的郭宝山同志，他为人谦逊随和，对刚涉足外事工作的我，给予的不仅仅是业务上的指导，更多的是言传身教和无限的关爱与帮助。从外事礼节、接待程序到外事工作各环节可能遇到的问题及应对方案等，他深入浅出，剖析外交无小事的深刻内涵。郭副局长站在国际执法合作的高度，高瞻远瞩，谋划新时期驻外警务工作的新思路，并将之传递至各驻外警务工作岗位。一路走来，我在涉外及驻外工作方面取得的点滴业绩得益于他的谆谆教诲和身体力行的鞭策。他留给我们更多的印象，不仅仅是一位领导，更是我们亲切的好兄长。在我担任驻韩国警务联络官这几年里，他十分关注驻韩国警务工作现状和我的身体情况，每次调度完工作后都以兄长的口吻叮嘱我："多保重身体，注意安全，向妻子报平安。"此外，郭副局长还非常关心我家里的亲人，每年都会按照部局领导的要求，安排人员到老家看望我的双亲并送去慰问金，这让在异国他乡的我真真切切感受到部局领导对我们驻外警务人员及家人的体贴关心与厚爱，真正让我们感受到温暖无处不在。我怀着一颗感恩的心默默地加倍努力做好驻外工作以回报祖国关爱。2007年，我的孩子高考结束，因驻韩工作十分繁忙我无法回国，郭副局长非常关心孩子高考情况，在飞往蒙古共和国途中还在给我的家人打电话询问孩子考试成绩、报考去向，等等。每每向老局长报平安时，他都会说，等你们任期结束到北京来，那时我也该退休了，请你们喝酒。我可亲可敬的兄长，你的率真性格，你的敬业精神，你的无私与善良，将永远铭记在我的心中。夜色已深，此时的我，泪水已模糊视线，脑海中浮现的是你的音容笑貌。我们失去了一位好领导，更失去了一位好兄长，亲人啊，祝你一路走好……

维和壮士虽然永远离开了我们，但他们为完成党和国家赋予的神圣使命，不畏艰险、不畏牺牲的崇高精神将永远激励我们奋勇前行。我们将化悲痛为力量，学习他们纪律严明、作风过硬、业务精湛、不畏牺牲、不辱使命的崇高精神和优秀品质，认真做好驻外警务工作。在公安部的坚强领导下，团结拼搏，奋发有为，为维护国家安全、维护世界和平与稳定献出自己的微薄之力。我已做好准备，坚决服从祖国需要，服从统一调遣，不讲条件、不计代价、不畏艰险、不怕牺牲，随时冲上抗灾救援和维和任务的第一线！

朱晓平、郭宝山等 8 名同志是 200 万公安民警的杰出代表，是全国公安机关学习的榜样。是新时期 200 万人民警察的杰出代表。他们肩负维护世界和平的崇高使命，代表国家执行国际维和任务，用实际行动诠释了当代中国警察胸怀世界、爱好和平的光辉形象，为祖国和人民争得了荣誉，是我们每位公安民警学习的楷模。我们将用实际行动深切缅怀战友，告慰英灵。

用生命诠释爱的厚度

王莉莉

他于平凡处，30年，为人民公仆，写赤胆忠诚；他于非凡处，一生，做平民英雄，书古道热肠。他给很多人留下闪光的记忆，留下一道可以穿越时空、承载爱与眷恋的彩虹。

他业务精通，是"难不倒的专家"

曾经在清华大学留校任教的王树林在领导和同事眼中绝对是一位专家。装备财务局陶军生副局长感慨地说："王树林的业务水平可以用'精通'两个字来形容，他在公安装备战线上工作了整整30年，无论研发、列装、推广、培训还是仓储等业务样样精通，为公安现代化装备建设做出了突出贡献。每到有紧急、重大的任务，我们第一个想到的就是王树林，工作交给他做，就等于一千个、一万个放心。"

由于王树林业务精湛，他被任命为公安部特种警用装备标准化技术委员会特种车辆组组长。装备财务局毛甫金副局长说："因为树林的身体不太好，我想让他不再承担车辆组组长的工作，但是话刚出口，就遭到了车辆组其他同志的反对，他们都说，王树林是专家，有了他多么艰难的工作都能顺利开展，他不干可不行。"

的确，王树林是难不倒的专家，不论多急、多难的任务，只要他一出手，就能迎刃而解。2005年，王树林被指派参与补助中西部基层公安机关一万辆警务用车的工作。他数次到工厂对多种车型进行调研，对各种车辆的性能了如指掌，还广泛征求各地公安机关对车型选择的意见，为部领导决策提供了翔实的第一手资料；在车辆价格谈判中，他根据所掌握的车型、配置等资料据理力争，与销售商展开多轮谈判，最终采购了质优价廉的车辆，节约经费2.6亿元；在研究补助车辆的分配方案时，他认真分析研究各种因素，提出了科学合理的分配意见。正是由于他超强的工作能力，才让"送车万里行"工作在时间紧、任务重的情况下圆满完成，将党中央、公安部党委的关怀和温暖及时送到了中西部基层公安机关，受到民警的高度赞扬。为此，时任公安部部长周永康专门作出批示："好事办好了。"

随着社会的进步，警用装备日新月异，科技含量越来越高，考验着工作人员的专业化水平。王树林总是迎难而上，即便年过五十后，对于新技术、新业务，他依然满怀热情，勇于挑战，倾尽全力让自己在最短的时间内掌握精髓。2003 年"非典"来袭。非典防护用品是一个新事物，大家对此都知之甚少，更不用说对其提出使用功能、技术标准、检测要求了。然而，广大公安民警急需适合使用的防护服。王树林又一次临危受命。他就像一只永不休止的时钟，不停地走访、询问、记录、思考，分别向国家卫生、医药部门和部队标准化管理部门及生产企业了解情况，在极短的时间内迅速搜集到了防护服的地方及国家标准，并依据此标准确定了适合一线执勤民警穿用的防护样服。同时还分三批发布了所了解到的 21 家全国生产防护用品企业的名单、联系方式，大大方便了全国各级公安机关的采购、供应工作，为全国公安机关的非典防护用品的配备、储备提供了信息保障。

一事通则百事通，王树林正应了这句话。他的同事们都说："只要是与工作相关的事情，他都会下工夫钻研。"电脑对于 1952 年出生的王树林来说本来是陌生的，然而他仿佛无师自通，不仅学会了使用，还学会了软件和硬件维修，这让很多年轻人自愧不如。同事的电脑出了毛病，通常会请王树林帮忙修理。王树林俨然又成了一名电脑专家，不管是软件还是硬件的毛病，他都能应对自如。跟他共事多年的同事说："我们都不知道他是什么时候学的电脑，但是大家都知道他刻苦钻研的精神没人能比。"

他忠于职守，一生中说得最多的话是"抓紧点"

在王树林的办公桌上，有一张工作时限倒计时表。今年已经 58 岁的王树林很快就要退离公安装备战线。这个他倾注了一生心血的岗位，是那样让他眷恋和依依不舍。他倒数着自己还能为党、为公安事业奉献多少个日日夜夜，他计划着每一天都应创造出更多的价值，发挥更大的力量。

从警 30 年的王树林，说得最多的一句话就是"抓紧点"。在工作面前，他根本不会在意自己的年龄和身体状况。2001 年，王树林做了心脏支架手术。痊愈上班后，领导让他注意身体，不要太累，可他却说："我要退休了，更要发挥余热，还要把经验传给年轻的同志。"

此次赴海地执行任务，领导考虑到王树林业务熟练想派他去，但又担心他的身体不能承受长途飞行，于是征求他的意见。他很果断地说："组织上信任我，我就去。"我国驻海地维和部队的装备，大多是他一手经办的。

"抓紧点"，他时刻这样催促着自己。为了制订警用特种车辆审定标准，2009年12月21日、22日，他在郑州组织召开业务研讨会；26日、27日，他紧张工作的身影又出现在无锡会议上。陶军生副局长担心他过度劳累，劝他说："不要太累了，歇一歇再干。"他说："一定要在2010年前把该做的工作完成，不能拖。"直到30日，他才回到北京。在赶赴海地执行任务前，他还制订好了下一步的工作日程。

2003年抗击非典工作中，他更表现出一名优秀共产党员的高尚品格，主动承担了高危险、高强度的工作。他不顾身体有病，驾车往返于货场和机场之间，不管是白天还是夜晚，他都亲临工作一线接货、入库、发送。在机场，隆隆的飞机起降声、车流人流的嘈杂声以及繁重的搬运工作常常会让他感到身体不适，有时候由于时间紧连杯水都来不及带，有时候会干巴巴地站在机场等上几个小时，尽管如此，他没有半句抱怨，尽职尽责地做好工作。从4月12日至5月中旬，他没有休息过，经常工作到深夜。

对待工作他一丝不苟，从不忽视每一个细节。2008年冬天在浙江开展9毫米手枪射击培训时，他每天都监督课程。南方的冬天十分阴冷，人们尽可能不到室外。最后一天是在室外进行射击考核。一起承担工作的张立新考虑到王树林的身体状况，让他在驻地休息。但他坚决不肯，他说："工作是不能让别人代替的。"在王树林的办公桌上，贴着一张写得工工整整的电话表，上面是警用装备中转库值班员的电话。除了固定的查岗时间外，每逢节假日，他都会多打几次电话查岗，有时候不放心，还会亲自开车去查岗。

人们已经不记得王树林承担过多少次警用装备的押运任务。物资储备调运处处长蒋苏林说："我们一起押运物资时，他总是放心不下，坚持要跟装备物资在一起。困了累了，他就躺在装备箱子上眯一会儿。这么多年来，这种高度负责的精神一直传了下来，我们每一次押运，都是这样做的。"副处长周元成说："他对待工作总是风风火火，从不拖拉，是我们学习的榜样。"

他慷慨真诚，用炽热的心融化世间的烦忧

当得知海地发生强烈地震后，很多人给装备财务局打来电话，关切地询问王树林的情况。这些人中，有已经离、退休多年的王树林的老领导、老同事，有各地装财系统的战友，还有他的同学和朋友。装备财务局副巡视员费晓燕焦急地给他发出手机信息："全国人民等待你回来。"王树林的同事自发燃起烛火，为他祈祷。

提起王树林，凡是与他相识的人都会联想到真诚与慷慨。面对别人的求助，王树

林从不懂得拒绝。他用一颗炽热的心，融化着别人的忧愁与烦恼。

装备财务局政治处主任薛小玲永远不能忘记，出差时王树林会细心地为同事带一双球鞋，还会帮助同事看望在当地求学的孩子。每年"三八"妇女节的郊游活动，他都会事先了解景区情况，为大家当开心导游，又是领路，又是讲解，又是拍照。

装备处处长谭保东永远不能忘记，1988年一个冬天的凌晨4点钟，王树林带着熟睡的两岁女儿到火车站帮他接岳父母。那时候，谭保东刚刚到北京工作，人生地不熟，于是请王树林帮忙去接。其实，王树林完全可以说一句"爱人上夜班孩子没人照看"，但是他说："好，我一定去。"谭保东的爱人得知这件事后，感动得热泪盈眶。

年轻的董薇莎永远不能忘记，王树林是如何用自己工作和生活中的经验教导她、指引她。最初董薇莎只是一名借调人员，王树森毫不吝惜地把自己工作中积累的经验和方法传授给董薇莎，逐渐把她培养成业务骨干。看到董薇莎的进步，王树林说："如果现在没有编制，我愿意退下来，把我的编制让给她，因为我们的工作需要这样的年轻人。"

董薇莎的爱人过生日，王树林语重心长地对她说："你应该买一束鲜花送给婆婆，她会感到非常幸福。"

被装处处长孙莉莉永远不能忘记，值夜班突然停电时，王树林在楼道里高喊着她的名字，以最快的速度出现在她的办公室门前，驱散黑暗带来的恐惧。由于加班没法接孩子时，也是王树林出手相助。调皮的孩子把水浇到王树林的身上，他不但不急，还哈哈大笑。

与王树林同事仅两年的张立新永远不能忘记，王树林在这段时光里给他带来的关心与温暖。一起值班时，王树林常买一些食物给大家当夜宵。有一次，张立新也买了一包食物回来，王树林看到后马上说："以后你不要买东西，咱们处里有传统，年轻人不准买东西。年轻人工资低，开销大，我们的孩子都大了，家里没负担，所以这个钱就该我们花。"

一位同事的女儿永远不能忘记，王树林陪她度过的每一个生日，送给她的每一件礼物。同事独自带着女儿生活，王树林知道后，总是抽出时间陪她的女儿吃饭聊天，给她讲解生活的道理，培养她健康成长。

太多太多的不能忘记，串起人们对他最深刻的记忆。点点滴滴的事情，由远及近，曾以为是不经意的收藏。现在想来，他那高尚的人格魅力早已在人们心里烙上深深的印迹。

（摘自《人民公安报》，2010年1月18日）

心中不灭的灯

——怀念在海地大地震中遇难的战友王树林

冻雨在寒风中飘落。在这凄风苦雨的冬日，万物凋零，思念疯长。2010 年 1 月 16 日，在网上惊悉，在海地大地震中，8 名中国警察罹难。忠魂撼寰宇，英名壮中华！在罹难民警的照片中，一张熟悉的面容映入眼帘：王树林，公安部装备财务处调研员。这不是 1996 年公安部装财局到我们牟平公安分局挂职锻炼的王树林副局长吗？怎么可能？怎么可能！

晚上回到家中，久久不能入眠，凝望书桌上那盏光洁的水晶台灯，一股浓浓的哀思阵阵涌上心头。这盏水晶台灯是 1997 年王树林局长在我结婚那天送我的礼物。台灯在书桌上整整陪伴了我 13 年。睹物思人，潸然泪下。世事难料，人生无常，13 年的时光，仿佛只是恍惚一瞬间。想起与树林局长相处的日日夜夜，他那灿烂的笑容、矫健的身影电影般浮现在我的眼前，他那爽朗的笑声、令人鼓舞的话语时时环绕在我的耳边。凝望那盏水晶台灯，时间回到 1996 年。那一年，我在牟平公安分局刑警大队工作；那一年，全国性的"严打"斗争如火如荼；那一年，树林局长到分局挂职锻炼；那一年，牟平区一个月时间里连续发生六起重大杀人案件！案情如火，牟平公安、牟平刑警，面临着前所未有的压力与考验。本可以旁观，树林局长却没有将自己当作挂职领导，而是将自己当成了牟平公安民警中的一名战斗员，他以高度事业心和责任感，积极参加了每一起案件的侦破工作。在那些日子里，树林局长与战友们转战一线，喝矿泉水，吃方便面，研究案情，抓捕罪犯，风风火火，频频出击，北上哈尔滨、西飞乌鲁木齐。在那些日子里，仅用一个半月，六起重大杀案件全部告破，创造了牟平公安破案史上的奇迹！在那些日子里，一个半月，树林局长头发长了，衣服脏了，眼睛熬红，嘴唇起泡，胡子布满了脸腮。没有了翩翩"风度"，不再是潇洒"儒警"！在那些日子里，树林局长让同行们刮目相看，战友们有口皆碑："树林局长，是条汉子！"这一年，刑警队荣立集体二等功，树林局长功不可没。他和战友们用全部的真诚和心血铸成了一柄刺向一切妖魔鬼怪的利剑，高唱了一曲惩恶扬善的战歌。

作为公安部挂职领导，树林局长的主要职责是下基层了解基层公安的情况，做一些课题研究。1996 年前后，牟平公安分局的基层基础设施还十分落后，民警防护装备、交通和通信设施更是有许多历史欠账。当时，刑警大队有 30 多名民警，只有两辆旧的吉普车，全局连一件防弹衣也没有。针对这些情况，树林局长看在眼里，急在心头。他性格豪爽，敢于说真话。经常看见他在灯下，不停地敲击着电脑键盘，将基层的现状、面临的窘境撰写成文字，报告组织，积极为分局争取各类装备。在不到一年的时间里，上级为分局拨发了 30 多件防弹衣及大量通信、武器装备，这些装备，在后来的侦查破案中发挥了重要的作用。1997 年，树林局长亲自找有关厂家谈价格，为分局以很低的价格购置了 2 辆云豹警车，4 辆面包警车，当时在分局引发了很大的"轰动"，分局民警的办案条件有了很大的改观。大伙都说，这个挂职副局长办"实事"。后来的事实证明，树林局长是十分有远见的。在这些年公安部开展的"三基"建设过程中，分局的装备建设有了突飞猛进的发展，历任局党委都十分重视抓装备、抓信息化建设，这很大程度上是受树林局长的影响。

凝望那盏水晶台灯，又想起了树林局长对我的"好"。树林局长待人真诚，为人朴实。1996 年，分局仅有几台电脑，除了专业人员，普通民警没有多少机会更深入地接触。而我那时，对电脑有着深厚的兴趣。树林局长来时带来了一台笔记本电脑。看着树林局长在键盘上运指如飞，我羡慕极了，经常过去请教电脑知识，并时而"借用"一下"笔记本"。每次去都是小心翼翼，生怕领导"不高兴"。树林局长没有一点架子，见我爱好，便不厌其烦地一遍一遍地给我讲解相关知识。上学时没有专门学过电脑，现在掌握的电脑知识，基本上都是从那个时候自学而来的，树林局长可以说是我电脑知识的启蒙老师。树林局长是个直爽的性情中人。1997 年，我准备结婚。虽然在刑警队与树林局长摸爬滚打已经十分熟悉，但能否请到公安部下派的挂职领导参加婚礼，对于我这个普通民警来说，还真是一种奢望。我怀着忐忑的心情向树林局长发出了邀请，生怕领导驳了"面子"。没想到，树林局长爽快地答应了，他说："都是刑警队的兄弟，这么大的喜事，我肯定参加，你放心好了。"结婚那天，树林局长如约而至，为我送来了新婚的祝福，并将一盏精美的水晶台灯送给了我。其实，树林局长不仅仅是我的良师益友，他也是我们每一名基层的民警的知心人。记得民警潘江辉 1996 年任办公室文书，上呈下达经常向树林局长汇报工作，也与树林局长有着深厚的友谊，成了忘年交。树林局长十分关心他的工作生活，还专门帮其出主意，找对象。在树林局长身上，我们找不到所谓大机关领导的"派头"，他从不说"官话"、空话，大话。言语中，处处透着朴实无华。他喜欢聊天、喜欢交友、乐于助人，在他挂职的时间中，分局 500 多名民警，他能叫出大部分民警的名字，许多民警都将他视为老大哥，好朋友，无话不说，无事不聊。他毫无保留地向我们这些青年灌输着各种先进理念，许多知识让我们受用一生，我们都亲切地叫他"树林局长"。

凝望那盏水晶台灯，带着几分苦涩与伤感的思念。树林局长啊，您就是我心中永不磨灭的那盏灯，你用水晶般的心照亮了我人生的路。现在，您为了完成国家的使命而献身于海地。您就这样悄悄地离开了我们。这令人不能接受的现实沉重地打击着我们，撕扯着我们的心！君溘然西辞去，遗恨憾，泪长流。怀念你，我们的好战友，好领导！树林局长，我们将永远把你放在心里，此生不渝！

（摘自胶东在线，2010 年 1 月 19 日）

北大荒人民的骄傲

——北大荒垦区群众怀念中国维和警察王树林烈士

从黑龙江建设兵团班长，到清华大学建工系教师，再到公安部工作，58岁的王树林的生命履历在异国他乡休止，而我们只能在思念中继续着对这位曾经的垦区老兵的哀思与咏叹。

曾在北大荒下乡5年的公安部装备财务局调研员王树林，因执行维和任务在海地地震中遇难，黑龙江垦区群众悲痛而自豪地讲述着他们所认识的王树林。

王树林1969年9月下乡插队到黑龙江省红色边疆农场11队，当时他年仅17岁。他给大家的印象是心地善良、吃苦耐劳、勤奋好学、积极上进。当时，他的主要工作任务是修理农机具。因为场部的修理厂与11队相隔10余里，农场就把他安排在了老职工祁志全家居住。据祁志全老人回忆，王树林特别好，同家里人相处得跟一家人一样。劈柴、挑水、扫地，什么脏活累活他都抢着干。不但全家人都喜欢他，连队和修理厂的人也都特别喜欢他。祁志全老人说："王树林特别重感情、重亲情，心特别细。他回城后经常写信给我们，我们两口子不会写字不方便回信，可王树林还是坚持着年年写信。我老伴病了，他还从北京寄来核桃和一些药方。后来孩子们上学了，就由孩子们给他回信，经常有错别字，王树林再来信时就把孩子们信中的错别字全都更正后再寄回来。"

1974年，各方面都表现出色的王树林被农场保送上大学，离开了农场到北京求学。

2009年8月，带着对第二故乡的无限深情，王树林组织当年插队在农场11队的30多名知青集体回访红色边疆农场。回到第二故乡的几个日夜，王树林与老乡们同榻而眠，促膝而语，夜很深了仍不肯入睡。农场专门为他们排练演出了知青题材的文艺节目。王树林同知青们为这份浓浓的乡情而感动，离别时依依不舍。

如今，王树林在海地大地震中遇难的消息传来，千里垦区都传颂着王树林的名字。他是北大荒人民的骄傲！

晓明，我的好邻居

霍志坚

两年前，对门一直空着的房子有人搬了进来。那天，你轻轻地敲响了我的门。你告诉我："我叫李晓明，在维和处工作，今后就是你的邻居了。"一脸的帅气和阳光，温文尔雅，干净洒脱，这是你给我的第一印象。

相近的年龄，相同的性格，让我们有了许多的共同语言。

有一段时间见不到你，通过你的博客和QQ，我才知道你被北京奥组委选调进入火炬传递运行团队成员，赴境外19个国家和城市参与境外火炬传递。33天行程逾10万公里。这中间的艰辛从当时的媒体报道中可见一斑。回来后，你给我谈起了火炬传递时在英国、法国等地的遭遇，谈起处置突发事件的惊险紧张。言谈中你流露出的作为中国人的自豪感和对西方一些国家误解、偏见的愤怒和不解，让我记忆犹新。

后来，遇上奥运会开幕。忙忙碌碌，我和你的时间极少有交集，更多的时候是看你匆匆背着行囊出差的身影。好几次，我们擦肩而过，相视一笑，相互拍着肩膀："兄弟，多保重啊！"

不久后，你告诉我你要去英国留学一年，在华威大学就读国际关系专业。一年后的2009年9月，你回来了，我欣喜地看到，你比以前更加英武，你的成熟、你的自信让我感到的不仅是真诚纯洁，还有优秀、上进！

今年元旦那天你告诉我说，总在外面跑，父母年纪大了，今年春节想接他们到北京过。然而，人生无常，还未来得及安排，你却悄然离我们而去了。

就在你去海地前的5天，你给我打来电话，说看到我编的版面了，特别亲切，但中间有个小错误。我赶紧找出报纸。那是一篇不足200字、很小的稿子。夜班编辑在调版删改时多删了几个字，语义反了。这让我的心一热，很感动，也很愧疚。我知道，你是个极为认真和热心的人。没想到，那是你跟我说的最后一句话。

你走了，我的好邻居，我们再也没有机会促膝长谈，听你讲最近新看的一本书，听你讲人生的顿悟……我不知道我是否会适应开门时对面空无一人的屋子，是否会适应开门时不再是喊一声就能常常遇到的那个阳光男人的日子。

谁是最可爱的人

刘 洋

谁是最可爱的人

50 多年前，魏巍先生写过一篇家喻户晓的时代华章《谁是最可爱的人》。说实话，由于未曾经历战争年代，我在学生时期（20 世纪 80 年代末）读这篇文章时并不能真正感受其中饱含的深沉情感。而今，当我近距离同中国维和警官接触时，我真正感受到了当今社会"谁是最可爱的人"。我与魏先生的两篇文章时代背景不同，彼文讴歌的是抗美援朝的中国志愿军，本文则是慨叹当代中国海外维和部队；魏先生塑造了一个群体，而我只能刻画我认识个体的一个侧面。然而两篇文章的主旨是相同的，同样赞颂为国捐躯的英雄儿女。

李晓明曾于 2001 年作为中国维和警察赴东帝汶维护当地社会治安，随后十年里一直负责管理中国海外维和工作，可谓中国维和警察奠基者之一。李晓明和其他中国维和警察的这种维护和平正义的国际主义精神与 50 多年前中国人民志愿军的和平救助精神遥相辉映，可谓掷地有声，令人荡气回肠。特别是在英雄气短、物欲横流的当今社会，歌颂英雄人物显得尤为重要——我们生活在一个缺少英雄因而特别需要英雄的年代！

海地伤心地

"出师未捷身先死，常使英雄泪满襟"。我不是英雄，所以英雄之死，更令我泣泪难当。尤其是他还那么年轻，才 35 岁，还有很多重要的事等着他去做。在我与晓明短暂相处的一年里，晓明总是那么乐观，他一定也希望我们继续乐观下去。因此在确认晓明罹难以前，我一直在为熟悉他的朋友们打气。我相信，晓明身体这么好，身手这么快，心地这么善良，一定能挺过来。但经过苦苦四天的等待，最终确认晓明真的离开我们时，我感情的闸门再也关不住了，七尺男儿大哭不止。

追忆晓明

命运的安排，我与晓明于 2008 年 9 月一同考取英国"志奋领"奖学金，赴英国华威大学攻读国际关系硕士专业。晓明是公安部国际合作局警官，而我在外交部工作，因此我们一见如故，特别有共同语言。我们还特意将宿舍调到一起，一年来朝夕相处，无所不谈，情同手足。晓明给我的印象是非常开朗、乐观、豪爽、细心，典型的中国军人形象。我对晓明的感触太多，因为篇幅所限，只归纳以下五点印象。

印象一：刻苦学习，执着追求。

俗语说"男人三十不学艺"。我们俩留学时都已年过 30，因此晓明非常珍惜此次留学机会。他很谦虚，总是慨叹读本科时没有扎下心来学习，希望借留学机会"弥补遗憾"（但实际上我发现晓明英文功底非常好，学识也很渊博）。因此，晓明每天加倍努力，终日泡在图书馆里。我和同学们总是笑称他"给我们很多压力"，但实际上，他经常以他的热心与乐观给我们以莫大的鼓励和勇气。晓明生活很有规律，常年坚持锻炼，典型的军人作风。我总觉得他在为将来的事业和生活准备着什么，执着地追求着什么。但没曾想，他却这么早地离开了我们。

印象二：朋友当中快乐的源泉、安全的屏障。

晓明性格非常热情、乐观、风趣。他做得一手好菜，经常招待中外同学们到宿舍"改善生活"。我笑称他是"一级厨师"，可在简陋的宿舍中承办十几人的"大型宴会"。晓明是同学当中的"精神领袖"和谈话中心，在聚会中经常妙语连珠，总能逗得大家开怀大笑。我们常说，聚会少了晓明就没意思了。晓明生活能力很强，这与他常年军人生活有关。更可贵的是他非常细心，经常想人之所想，急人之所急。同学中谁有了困难，经常是还没开口，他就把忙帮到前头，令我们非常感动。女同学总笑称和晓明在一起很有安全感，不仅因为他是警官，更因为他豪爽、细心、踏实。

印象三：行事低调，安全意识强。

晓明给我一个突出印象是行事非常低调。刚到英国，外国同学们在学习之余，经常举办 Party，以缓解压力，增进友情。但晓明很少去。我后来了解到，这与晓明此前非凡的经历有关。晓明曾在地方公安机关担任刑警，处理过许多刑事案件。他曾于2001 年作为我国维和警察赴东帝汶工作，经历了许多危险与磨难。他于 2001 年完成任务在巴厘岛转机回国时，竟然赶上了巴厘岛爆炸案，亲眼看到队友及当地人身受重伤。用他自己的话讲，他也曾"从死人堆里爬出来过"。有过这样不平凡的经历，难怪他总是很低调，总是避开热闹的人群。这并不是怕出事，而是因为曾经沧海，他更喜欢平淡的生活。也许是职业习惯，晓明安全意识很强。记得有一次，我们一起在厨房吃饭，他问我为什么总是坐在背靠房门的位置，他说他喜欢坐在面对房门的位置，这样一旦发生意外，可以及时撤离。当时，我口上赞叹"长见识"，心里还觉得他多虑，但没想到今天他真的遇上意外却没有机会"撤离"，这真是让人难以接受，让人难受。

印象四：淡泊名利。

晓明是个很知足的人。我们俩常常在校园内及远郊散步，谈生活、谈理想。他常说，他是个很幸运的人。当年在河南省基层公安部门工作时，认识了很多好领导、好同事。后来又赴东帝汶维和，结识了很多好战友和好兄弟。以后又到公安部工作，与领导同事关系仍然非常融洽。晓明于 2008 年负责北京奥运火炬海外传递的安保工作，短短几个月跑了数十个国家，压力很大，常常彻夜不眠，这也造成他日后的长期失眠。但他对这些经历很自豪。他常给我看他在东帝汶维和时的照片，并对海地维和部队十分关注，还特意给我看部队执勤时的视频。晓明对事业有高度的责任感和使命感，但晓明又是一个很真实、很淡泊的人。他常说，工作并不是人生的全部，一个人的家庭也很重要，他只想把本职工作做好就满足了，对将来能否当领导并不在意（虽然他很受领导器重，前途很光明）。这真是与我心有戚戚焉。我们真的有许多共同语言，和他在一起，你永远觉得那么真实、那么踏实。

印象五：对于感情的渴望。

"无情未必真豪杰"，像任何一位男子汉一样，晓明也有着对家、对感情的强烈渴望。记得我们留学期间散步时，每当看到一对老夫妻携手同行，他就忍不住感慨说："我特别羡慕他们，真希望有一天也能找到心灵的伴侣，执子之手，白头偕老。"想不到，他终究未能实现自己的夙愿。生活真的是一个谜。

生命的意义

对于晓明的突然离去，我曾感到极度困惑。命运与晓明开了个很大的玩笑。晓明的生命结局如此出人意料，简直像蹩脚的韩剧，"剧情太假"，简直有些荒唐。既然结局如此仓促，那么此前的高潮，此前的浪漫，此前的成就与欢乐、忧愁与伤感又意义何在？我百思不得其解。

但随后，我终于想通了。晓明在他生命的每一个阶段都给周围的人以欢乐、安全和幸福，特别是为国家和人民献出心血与生命，因此他的生命就是最有意义的。晓明职业生涯的一条重要主线是中国的维和事业。他参加了中国早期海外维和行动，毕业论文也围绕着联合国维和行动，最后更是为国际维和贡献了年轻的生命，从而写出人生的绝美华章。晓明和所有中国维和警官，推而广之，所有为祖国和平发展作出贡献的人，都是当今时代最可爱的人！

谨以此文悼念所有为国捐躯的维和英雄！愿英雄的浩然正气永存！

（摘自中华人民共和国外交部网站，2010 年 1 月 19 日）

警队最年轻的指挥官

孙贵田　王传宗

这么优秀的大男孩，不能就这么走了

"我当时心里就一震。赶紧与维和警察工作处联系，才知道……"1月13日早晨，中国维和警察培训中心办公室主任田久山从电视里看到海地地震的消息后，第一时间打电话给李晓明。"这时，电话已经打不通了。"田久山接着又拨打另外几名公安部赴海地维和工作组人员电话，都打不通。田久山有点哽咽，他认识李晓明已经10多年了，对这个年龄不大、能力出众的小伙子有着深刻印象。李晓明非常聪明，善于、肯于收集联合国维和工作的情况、资料、政策，并且认真研究这些资料，并从中总结和发现规律。"我们多希望他们能平安归来。"

1月12日，是中国警察参加联合国维和行动10周年纪念日。1月13日，公安部赴海地维和工作组4名工作人员和4名我维和警察在海地遇地震被埋入废墟。

1月4日，记者到国际合作局采访时，李晓明正在他的办公桌前打电话联络此次赴海地的行程。如今，电脑依旧，那些成摞的资料依旧，而李晓明却已经永远离开了这里。

"太突然了，根本想不到。在那么遥远的一个角落，发生概率这么小的地震，怎么就让我们赶上了呢？"公安部外事局（2005年改为国际合作局）维和警察工作处刚筹建时，现任欧洲工作处处长、李晓明的直接领导韩林说。

2002年前后东帝汶刚刚宣布独立，派系斗争严重，武装袭击事件频发，李晓明和他的战友们硬是从枪林弹雨里毫发无损地归来。这次，大家怎么也没有想到，李晓明会在联合国海地稳定特派团总部大楼内遇到地震。

记者在公安部国际合作局采访时，他的领导和同事依然不愿意相信战友离去的事实，每每提起和李晓明共事的那些片段，都禁不住言语哽咽，低头整理自己的感情。

"晓明临走前一天，还到我办公室问我：李姐，用不用我给那些国家的警务联络官带个话儿？好好的一个大男孩，这么优秀的一个大男孩，不能就这么走了。"国际合作局警务联络官工作处处长李莉更愿意用大男孩来形容隔壁办公室的李晓明。"他走的时候告诉我，女朋友基本上已经定了，还说回来让我给把把关，没想到……"

在东帝汶任务区，他度过了 26 岁生日

"在 10 年来派驻国外的 1000 多名维和警察中，李晓明的口碑极好。"借调到国际合作局维和警察工作处工作的李佳音告诉记者，10 年来，李晓明的足迹遍及海地、阿富汗、东帝汶、科索沃等 7 个任务区，对于一线警队的困难，他总是想方设法帮助解决。这次赴海地，李晓明还为几名驻海地维和警察捎去了国内亲人委托他带去的重要物品。

记者了解到，1999 年，中国政府正式宣布派遣维和警察参与联合国维和行动。2000 年 1 月 12 日，中国维和警察第一次走出国门，奔赴东帝汶执行维和任务。

李晓明当时就是我赴东帝汶第三批维和警察中的一员，身份是维和警队副队长。当时，他只有 26 岁。此前，李晓明在全国范围内的维和警察选拔考试中，凭借出色的英语水平和警务技能给公安部外事局领导和考官留下了深刻印象。

"他的英语好到让国外同行吃惊的水平，雅思考试考了 7.5 分。"

"在东帝汶一年的时间里，李晓明以联合国东帝汶维和警察专家身份，为东帝汶警察体系制定出多个远期发展规划，为东帝汶建立起科学、系统的警察体系做出了积极贡献，并因工作成绩突出，受到联合国维和警察总警监的嘉奖表彰。"国际合作局维和警察工作处卢聪告诉记者。

就这样，一名来自河南省基层公安机关的年轻民警实现了自己的维和梦想，有机会在国际维和舞台上大展拳脚。

到达东帝汶维和任务区后，李晓明以其深厚的理论功底、丰富的实践经验和出色的外语能力脱颖而出，很快由普通维和警察升任联合国驻东帝汶维和警察总部计划部门主管。身为中国赴东帝汶维和警队副队长的他，对外积极展示中国警察友好、专业的良好形象，对内忠实履行职责，热心帮助每一位警队成员，被警队公认为热心人。

李晓明的杰出表现远远超出了其年龄。在东帝汶任务区，他度过 26 岁生日，成为年龄最小的维和警队领导之一。

（摘自人民网，2010 年 1 月 18 日）

时刻做好牺牲的准备

杨淑珍　苏雪峰

从近千名参选民警中脱颖而出

2004 年 9 月，中国第一次组建维和警察防暴队赴联合国海地维和任务区执行任务，我作为具体负责后勤装备的组长，几乎与中国第一支维和警察防暴队的先遣队同时抵达海地……谁知道五年之后的 2009 年 10 月 13 日，我穿着中国维和警察制服，戴着 UN 的贝雷帽，又站在了阿根廷野战医院（注：赴海地不到 20 天因患登革热而住进该医院）的大院里。

———摘自赵化宇日记《阿根廷医院，不相信眼泪！》

1 月 12 日，海地发生 7.3 级地震，公安部警务保障局政府采购工作处副处长、第七支海地维和民事警队队长赵化宇被压埋在太子港联海团总部大楼的废墟中。

1 月 15 日，当我们走进公安部警务保障局赵化宇曾经工作过的地方时，他的领导和同事正沉浸在悲痛之中。警务保障局领导告诉记者，他们上午去探望赵化宇的妻儿时，他的妻子仍坚持认为，他的硬汉丈夫会平安回来。

王欣副局长表情凝重地告诉记者，从知道、了解维和到投身维和事业，赵化宇始终坚贞不渝地追求着，一步一个脚印地向着自己的维和目标坚实地迈进。

2006 年首次参加公安部组织的维和海选，他就从近千名参选民警中脱颖而出，进入了参加维和培训甄选的名单之列。为实现自己的维和梦想，他经历了多次培训和考试，经历了维和派遣体制由全国选拔到各省组队的变革的默默等待。一次次参加培训和考试，一次次满怀期望的投入，他终于在 2009 年 9 月 25 日第三次通过维和甄选、电话面试之后顺利登上前往海地的航班。

其实赵化宇与海地维和情缘最早始于 2004 年 6 月，公安部首次承担向海地派遣成建制维和警察防暴队任务。那时，作为政府采购办公室副主任的他负责后勤保障任务。

在资金未落实、时间紧迫的情况下，赵化宇无暇顾及刚刚怀孕的爱人。为按时采购专用装备，确保质量过硬、价格优惠，他率相关人员先后到天津、郑州、威海、襄樊、十堰等地考察，长途跋涉近万公里，途中数次历险，最终将各种样车安全运抵防暴队训练基地。

物资被运达海地太子港后，一下飞机他立即展开工作，开通海事卫星电话、超短波电台，使先遣队与国内和联合国有关机构及时建立联系。他数次到大部队营地实地勘察，规划通信方案。他放弃住宿宾馆，与队员们一起同吃同住在简陋的仓库里。为给防暴队创造较好的住宿条件，他乘大巴到邻近考察集装箱改装活动房。回京后，他顾不上倒时差，立即投入第二批维和部队出发前的准备工作，直至把防暴队员和随行物资装备全部送上专机。

头上的白发又增加了许多

头痛如针锥，高烧久不退。周身酸且疼，不思茶饭味。报国有雄心，维和乏力远。病床思故土，遥遥泪沾襟！想想未竟的事业、未尽的孝道、年幼的孩子，我的眼泪不知不觉流了出来。

————摘自赵化宇日记《阿根廷医院，不相信眼泪！》

2009年9月25日，赵化宇带领第七支海地维和警队顺利抵达海地。然而到任务区不到20天，赵化宇就感染上登革热，被送往阿根廷部队医院。经过十多天与疾病的抗争，他终于被医院批准出院。

"30多岁的他，头上的白发又增加了许多，人憔悴得让人心痛，整个人就像纸折的一般，仿佛风都能把他吹倒，可他不顾自己的病痛，还用自己的亲身体验鼓励另一名因登革热入院的队友，顽强地与疾病斗争。"他在海地的战友通过邮件告诉记者。

"十天之后，我出院了。我迫不及待地打开电脑，连上网络，点开SKYPE，给我的父母、妻子打了很长时间电话，说了很多无用的话，却没有告诉他们我生病住院。两个月来，妻子每天给我发一条短信，大多也是很无用的话。比如：'今天和儿子出去散步，买了两个雪糕，一人一个，边走边吃，觉得还是挺幸福的。要是你在旁边，能吵吵架就更好了。'"

"几年来，他为了工作跟妻子和儿子聚少离多，生活一直处于漂泊状态。"警务保障局副局长赵传成说。

"有了孩子以后，他的妻子辞掉了武汉一知名房地产公司副总的工作，来北京抚养孩子。一家人团聚了吧，哪晓得……"同事余健群低着头哽咽着，断断续续地说，"他给我打电话时经常说想儿子。"

（摘自中国警察网，2010 年 1 月 18 日）

我们需要你并肩战斗

——缅怀中国第七支海地维和警队队长赵化宇

王立强

赵队，我们需要你。

赵队，还记得 2006 年参加公安部组织的维和海选吗？是你，从容应试，谈笑风生，克难必胜的信心鼓舞着每一名参加考试、考核的队员。

赵队，还记得 2007 年维和警察甄选培训吗？是你，带领我们爬冰卧雪、秉烛夜读，轻轻松松的一句调侃：不就吃点苦吗？多大个事呀！乐观坚毅的心态激励着你的每一名队员。

赵队，还记得维和派遣体制变革的 2 年默默等待吗？是你，潜心研修、十年铸剑的榜样力量给了我们同样矢志不渝的信念。

赵队，还记得 2009 年重聚维和中心遭遇甲型 H1N1 流感疫情的 25 天困顿吗？是你引用孟子"故天将降大任于斯人也，必先苦其心志，劳其筋骨，饿其体肤，空乏其身，行拂乱其所为，所以动心忍性，增益其所不能"的话勉励我们，周详筹划，顺顺利利地将我们带到海地，走上维和之路。

赵队，还记得初到海地寄住圣路易斯酒店的艰难吗？是你，在身患登革热而皮下出血、高烧不退、几度昏迷中还喃喃地说，"但愿从我开始，也从我结束；我是第一个，也是最后一个，这一年里警队队员都不再生病！"

赵队，还记得维和伊始工作举步维艰之时的思乡心切吗？是你，促膝谈心、沟通疏导，带领我们夯实了"忠诚、拼搏、团结、奉献"的海地维和精神。

赵队，还记得在海地深山中的孤儿院度过的第一个圣诞节吗？是你，带领我们捐款捐物、春风化雨，将爱的种子播撒在海地孤儿的心田。

赵队，我们需要你并肩战斗。

你还那样严厉地重申各项警令条例好吗？我们一定始终严规守纪、恪尽职守。

你还那样陶醉地高唱祖国亲人的慰问信函好吗？我们一定牢记使命、不负重托。

你还那样和蔼地叮嘱时刻警惕注重安全好吗？我们一定安全第一、勇担重任。

你还那样从容地坦言"人的生命只有一次，天底下除了傻子之外，相信没有谁会不怕死亡，我既然选择维和之路，也就时刻做好为和平事业做出牺牲的准备"好吗？我们一定不畏艰险，锐意进取。

你还那样坚定地承诺"中国第七支海地维和警队是可以承载和平使者、友谊使者和文化使者使命的"好吗？我们一定勤勤恳恳、鞠躬尽瘁。

你还那样激昂地宣读海地前维和总警监玛玛度·迪亚洛离任前的评价"中国维和警队是我所见过的整个任务区纪律最严明、工作效率最高、最值得维和警察总部信任的警队之一"好吗？我们一定开拓创新、再铸辉煌。

你还那样深情歌唱"五星红旗迎风飘扬，胜利歌声多么响亮。歌唱我们亲爱的祖国，从今走向繁荣富强……"好吗？我们一定向你看齐，用心歌唱祖国、用生命歌唱祖国。

赵队，你回来和我们并肩作战好吗？我们需要你。

（摘自中国警察网，2010年1月18日）

化宇兄，一路走好

——追忆战友赵化宇同志

吴婧萍

初识你是在一年多以前，由于机构改革，我们有幸在同一个局，有同事介绍我们相互认识时，同龄人之间常常进行的年龄比较便出现了，你爽朗地笑着，以几个月的年长优势要我称你为兄。你谦和的微笑但浑厚的嗓音给我留下难忘的第一印象，你当众吟诵的一首思念妻儿的辞作《忆弄柳》，令我感受到你的侠骨柔肠和风雅情怀。在之后时间不长的工作接触中，得到你兄长般的大力支持，不多的几次言谈，也很投机。你善于为他人着想，乐于为他人排忧，表现出宽大的胸怀，很有兄长风范。

不久听说你要被派往海地执行维和任务，更加感受到你好男儿志在四方的勇气和魄力。当初从重庆大学工科优秀毕业生华丽转身为西南政法学院的高材生，你已经表现出这种勇气和魄力。钦佩之余，也有一丝不舍，因为还希望能得到你更多的工作支持，能有更多机会切磋交流，并且相信我们能有更多的相投之处。不过，想着也就一两年你就回来了，到时候会带着更加丰富的感悟和情怀来和我们分享。

哪料天灾无情，在 2010 年最寒冷的季节，从遥远的海地传来了发生强震的消息。在这多灾的年代人们对灾难多少有些淡漠了，但海地地震却是如此地令人揪心，你和其他几位战友在执行任务时被埋在废墟下，生死不明。24 小时过去了，盼望你在灾难发生的那一刻能幸运地躲在一个狭小的空间里，成功脱险，回来和我们分享大难不死的诸多感悟；48 小时过去了，祈祷你要坚持，要挺住，等到祖国派去的救援队能把你平安救出，以顽强的意志战胜死神；72 小时过去了，尽管希望越来越渺茫，但总感觉你应该能够平安回来，让我们再见你谦和的微笑，再聆听你为大家赋诗吟诵。你是那么有热情有才华，有坚强的斗志和毅力，有非凡的勇气和魄力，况且，你还有年幼的儿子，年迈的父母，挚爱的亲人，他们都需要你回来！

当噩耗真的传来，还是不敢相信，这么鲜活的生命怎会一下就没了。看到你初到海地患登革热症时的病容，读到你记述患病期间心路历程的《阿根廷医院，不相信眼泪!》一文时，我的泪水一次次地模糊双眼，滑过脸颊。我想，你强挺着从病床上爬起来和同志们留个影，一定是想给自己鼓劲儿打气儿；你用心记下这段经历，是要战胜这天将降大任于斯人者带来的苦痛，给未来的日子一份可贵的回忆。你是那么热爱生命，热爱所从事的事业，即使面对巨大病痛，也依然心系岗位，心系团队，保持着乐观向上的精神。在海地短短的三个多月，你已经顽强地躲过一劫，生命为何不能再眷顾你一回！

"想想未竟的事业，未尽的孝道，年幼的孩子，我的眼泪不知不觉流了出来。我对自己再三说，不要慌，不要慌，要挺住！"我反复体味着这几句话，一次次泪流满面。不敢想象在你在被掩埋的黑暗中苦苦挣扎时是否也在默念着这几句话，而当感觉到看到光明的希望越来越小时，心中又该是怎样的不甘！毕竟，你还风华正茂，还有远大的抱负没有实现，还有那么多心愿未了，还有那么多梦想未成真！

转过身来，第一次完整地看到你的生平简介，看到在我们相同的部龄期间，你战功卓越，战果累累，由衷的敬意再次油然而生。你是那么珍爱你所从事的每一项工作，在每个岗位上你都能尽职尽责，不辱使命，赢得了极好的口碑。看着你在海地期间执勤以及探望孤儿院等工作照，回忆着你曾经谈起在基层公安机关挂职锻炼时帮助弱势群体的各种想法，我感到进一步读懂了你，那就是，富有强烈的使命感和责任感，凡事以报效国家为先，职责所在为先，人民警察的忠诚本色在你身上得到了最好的诠释和体现。正是这种责任感和使命感所驱，多年来你辗转战斗，和亲爱的妻儿长期分离，这也成为你心中最柔软的痛！

苍天有泪，忠魂不朽。我可亲可爱的战友，请伴随着我们的敬意和祈祷，把你心愿未了、抱负未能全部实现的遗憾带走，把你报效国家、职责所在的精神留下。从此，天堂又多了一位儒雅诗人，一位坚强战士，你已把自己化作宇宙间一颗永恒的和平之星！

化宇兄，一路走好！

（摘自《人民公安报》，2010 年 1 月 19 日）

惟愿此生长报国

——追记中国第八支赴海地维和警察防暴队政委李钦

刘广雄　杨玺　谢丽勋　张宁　李燕飞　范玉泉

边境作战，他是一员虎将，两上老山，冲锋在前，一次次经历血与火、生与死的考验，向祖国和人民交出忠诚答卷；

禁毒一线，他率领专案组，亲赴中、缅、老、泰四国一线，万里追踪，将国际大毒枭韩永万缉拿归案，缴毒 700 余公斤及大批枪弹；

部队管理，他身先士卒，勇挑重担，处处行为楷模，时时身为示范，对部属极为严格，也倍具亲和力；

功利面前，他数十次把立功机会让给战友、兄弟，部属私下称他"钦哥"、"参座"；

海地维和，他临危受命，率队出征。他带领部队不怕牺牲，出色完成数千次武装巡逻、重点警戒、高危解救，成为海地多国维和部队中唯一"模范警队"，受到联合国高度赞誉；

他就是现年 47 岁的一等功功臣，生前任云南边防总队司令部参谋长，中国第六、第八支赴海地维和警察防暴队政委李钦。

"为了联合国的荣誉"

"气候炎热，局势动荡，水源紧张，蚊虫肆虐"。据云南省公安边防总队总队长那顺巴雅尔介绍，海地是拉丁美洲加勒比地区的一个岛国，常年平均温度高达 40℃，地表最高温度可达 50℃，艾滋病、登革热、疟疾等传染病流行，被称为世界上最危险的地方之一。特别是 2004 年的一场兵变，致使这个弹丸之地的岛国陷入了水深火热的战乱之中，暗杀、暴乱、枪战在街头频繁呈现，恐怖活动时有发生，人民颠沛流离，许多平民在战火中丧生，总统被迫流亡国外。

据悉，由于多国维和部队的进驻，目前海地的安全形势与 2006 年相比已经有一些改善了，但是局势依旧非常紧张，反政府武装力量仍然控制着部分地区，大量枪支等非法武器流散在民间。此外，海地犯罪率很高，特别是防暴队驻地的首都太子港，几乎每天都有抢劫、绑架、暗杀等暴力事件发生，每天都能听到枪声，闻到硝烟味道，防暴队随时都面临着严峻考验。

"面对海地恶劣的安全环境和艰巨的勤务，国内的防暴、处突、抓捕模式已完全不能适应那里的情况，在海地维和甚至比国内对付武装贩毒还复杂。为了联合国的荣誉，当务之急，我们要考虑如何应对。"到海地当晚，李钦便给 125 名防暴队队员上了第一课。

次日，为避免战乱造成的危险，李钦带领防暴队 24 小时处于临战状态，所有活动人人全副武装，高度戒备。他们身穿防弹衣，头戴钢盔，身背对讲机、95 式冲锋枪、狙击步枪、机枪和充足的弹药等，全身装备重达 50 斤。在平均温度高达 40 度的环境里，站岗、巡逻、执勤不到几分钟便已汗流浃背，乘坐在闷热的装甲车里更是汗流如注。李钦风趣地称之为"免费国际桑拿浴"，以此来消除大家倦意。

"白天和罪犯战斗，晚上和蚊子战斗！"当地天气炎热、蚊子横行。蚊虫毒性较大，传染性强，不论在室内还是室外，不论是白天还是晚上，蚊子无处不在、无时不在。队员们个个深受其害，有的队员被咬得"遍体鳞伤"。打蚊子成了李钦和队员们临睡前"必修课"。执勤时，为了不受恶蚊骚扰，李钦叮嘱队员带上驱蚊水、风油精和花露水来防御。

在海地市场上，新鲜蔬菜供应匮乏，而联合国提供新鲜食品有限，由于气候等原因，不少队员出现上火、口腔溃疡、便秘等症状。李钦主动带领大家修整菜地，挑水育苗，施肥种菜，在荒岛上共种出 25 种蔬菜，总产量 9000 多斤，有效地缓解了官兵吃菜难问题。

就是在这样艰险的条件下，8 个月来，李钦带领防暴队承担了众多急难险重任务。防暴队先后圆满完成了联海团下达的太阳城、国家城堡等 11 个执勤区域的武装巡逻、定点查缉、凌晨抓捕、控制动乱局势、打击局部非法武装、联合清剿、秘密抓捕、武器收缴、莱卡平暴处突等众多急难险重勤务以及海地防暴警察总部和国家司法中心定点驻守，以及佩森威尔区、兄弟路等地的反绑架武装巡逻任务与联合巡逻勤务，为改善海地首都太子港等地区安全形势发挥了重要作用。

此外，防暴队还主动承担了总统议政选举演讲和提名总理演说防暴处突、海地狂欢节现场警卫、为海地总理与联合国秘书长特别代表安纳比视察承担要人警卫、护卫巴西大使访问海地、太阳城"地毯式"搜索等高危抓捕，太子港大规模游行示威安全警戒，搜捕绑匪等重特大勤务。

"不愧为优秀的中国大使"

"莱卡发生骚乱，中国防暴队是第一个被派遣到那里实施平暴处突任务的，在极度危险的情况下，你们重建了莱卡的安全。你们是联合国优秀的工作人员，你们不愧为优秀的中国大使！"联合国秘书长首席特别副代表科斯特先生动情地对李钦说。

一次，海地首先从莱卡爆发了波及全国及自联海团进驻海地以来最严重的暴力骚乱，造成 6 人死亡、80 多人受伤，22 个加油站被砸毁，150 多家商店遭到打砸抢，450 多辆汽车被损毁，莱卡危在旦夕。

"联海团雇员一家五口被绑架，请速前去营救！"

"嚓嚓嚓"，中国赴海地维和警察防暴队接到求救信号后，营房外一阵拉枪栓、扣动扳机的声音响起。验枪完毕，身着防弹衣、头戴蓝盔、手提步枪的中国维和警察防暴队员跳上装甲车。危难之际，李钦带领中国防暴队临危奉命远赴距太子港 200 公里远的莱卡执行处突平暴任务，紧急出动警力 25 组 501 人次，车辆 48 辆次。

当日 14 时 40 分，防暴队营救车队行驶至距莱卡市中心五公里处时，遭遇暴徒用汽车底盘和焚烧轮胎设置的较大路障。前来城外接应车队的乌拉圭维和部队两辆大装甲车强行破障通过时，遭遇暴徒的火力袭击，维和防暴队及时进行反击。

在去解救的路上，李钦带领防暴队突破重围，顺利通过一卡又一卡。

暴徒又在莱卡市区主要街道设置路障。焚烧轮胎，城内刹时到处浓烟滚滚。情况紧急，李钦政委果断下令强行驱车到达目的地，迅速分成外围警戒、抓捕、掩护三个战斗小组，占据有利位置，交叉掩护前进，最后破门而入。绑匪的枪在枕头下还没来得及拔出来，便被防暴队员制服。仅 25 分钟，队员就将分住在两处的该名联海团雇员一家 5 口解救上车。

返回时，李钦发现此前已破路障又被暴徒修复，并在一座铁桥桥头燃起更大的火障。见此情况，装甲前卫车高度警惕。当车驶上桥面距离桥头火障 5 米时突然遭遇枪击和从桥头民房处投掷来的鹅卵石袭击。

李钦果断命令鸣枪警告。当车驶过桥头跨越另一路障时，由于强烈颠簸装甲车的油门线脱落。在装甲车掩护下，驾驶员冒着危险迅速爬到车底接上油门线，强行驱车返回营地。此次解救勤务中，装甲车中弹 3 发，两辆小装甲车体多处被石块击中。

4 月 8 日 10 时 05 分，李钦根据联海团维和警察总部指示，率领并部署两战斗组分乘两辆装甲车和一辆巡逻车十余次往返莱卡市中心，清除路障 20 余处，驱散闹事人群数千人，当场发现和控制了制造纵火案并袭击警察的歹徒 15 名，顺利完成此次大型游行示威活动的警戒任务。

连日来,李钦带领中国防暴队相继成功营救联海团越野吉普车 4 辆,解救海地参议员 1 人,处置大规模游行示威 19 起,强行驱散骚乱人群 39 处,清理道路较大路障 45 处,协助海地警察抓捕在暴力骚乱中向联海团警察和海地警察开枪射击、投掷石块的骨干分子 25 名,仅用 10 天时间就完成了联合国在莱卡地区的维和行动。

"希望这支队伍长期驻扎在海地"

"我们对你们与莱卡群众友善相处感到惊喜。我们已观察很久,在海地,只要你们一出现,当地群众就会抱以善意的回应。"一次,李钦收到一封特殊的感谢信。

原来,"六·一"国际儿童节来临前夕,李钦在索纳比工业园区总裁德尔玛斯先生的陪同下,率部分队员前往一个十分贫困、急需外援的圣安娜教会学校,向该校捐赠了一千多公斤各类食品及部分生活用品、学习用具,并举办了"北京奥运文化趣味运动会"。

运动会吸引了附近数所小学 460 名学生前来参与。仅 3 小时,这批海地小孩就已经了解了鸟巢、水立方、故宫、长城等,还能听懂汉语"你好"、"北京"等,不仅如此,海地小学生们还学会了奥运歌曲,会唱《北京欢迎你!》。

八个月里,从驻地辐射至太子港周边 200 公里内,在残疾人扶助组织、教会学校,乃至山区农村和城市的贫民窟,都出现了李钦带领的中国防暴队员亲民爱民的身影。他们仅与工业园区各企业和太子港周边贫困学校、残疾人组织及太阳城市政府就互访交流了 19 次,捐助了队员节约下来的 6200 公斤大米等食品和一批学习用具,为海地中学生举办了汉语培训、迎奥运等特色活动。

"中国防暴队不仅出色地完成了任务,还主动帮助海地民众,受到海地民众的欢迎。"联海团总警监玛玛度·迪亚洛委托副总警监布莱斯等官员专程来到防暴队,作了上述评价。

联海团副总警监布莱斯先生在接受中国国际广播电台驻墨西哥记者刘双燕采访时,深情地讲述了中国防暴队与他一起在履行海地维和勤务和平息暴力骚乱中建立的深厚战地友谊,称赞"他们是可以信赖、依赖的,如果可能,希望这支队伍能长期驻扎在海地"。

"经历了一次次生死考验"

2004 年 11 月 2 日下午,云南公安边防总队司令部作战室内。

一位参谋指着巨幅军用地图报告说："近期境外有一大批毒品，将由瑞丽边境进入我国。目前，毒贩已完成从瑞丽、芒市、保山一直到昆明的探路过程，估计这几天会有动作。"

"大敌"当前，时任这个总队总队长的姚鲁眉头紧锁："现在我宣布，成立专案组，此案代号为'11·02'，由我任组长，由李钦等任副组长，全力侦查此案！"

李钦，时任云南公安边防总队副参谋长，特种侦察兵出身，参加过边境自卫作战，精通越南语，对金三角的毒源地情况了如指掌，具有超强的野外侦查能力，拥有丰富的国际合作经验。

李钦和战友领命后，紧急从昆明飞往瑞丽，制订了周密细致的缉毒行动方案，实行"点线面结合"、"查堵截并举"的全方位打击措施，采取专项斗争和长期斗争相结合的方式，对贩毒的重点时期、重点通道、重点区域，加强巡逻堵卡，实施重点打击。云南边防总队多年来精心构建的情报网，在他指挥下，立即高效地运转起来。

贩毒分子狡猾多端，云南4000公里的边境线，又多与境外山水相连，有的地方山高林密，边境上的各种情况更是瞬息万变，给设伏堵卡带来极大困难。

官兵们一线堵、二线查，空中打、海上缉。从祖国高原到大漠，从密林到大海，从南疆到邻国，从边陲到天涯，全线出击，撒开了一张张无形的大网，向"毒枭之王"韩永万发起了全面进攻……

2005年9月22日6时50分，韩永万包租的飞机被老挝空中管制，迫降在老挝琅勃拉帮机场，曾被中国警方列为头号通缉要犯，公安部列为头号毒枭、发出A级通缉令的"毒枭之王"韩永万，束手就擒。

多年来，李钦在云南边防一线经历了太多生与死的战斗考验，战胜了一次又一次的诱惑，在缉毒战线上频传捷报、屡建奇功。他多次只身打入贩毒集团内部，与贩毒分子斗智斗勇，端毒窝、打毒枭、斩毒线，取得了辉煌的战果。个人先后荣立一等功1次、二等功1次、三等功3次及"缉枪缉毒先进个人"等荣誉。

两次维和，面对复杂的政治形势、艰苦的生活条件、危险的工作任务，李钦政委带领防暴队认真履行打击犯罪、保护人权、重建当地执法队伍等职责，积极承担执勤巡逻、社区警务、侦查破案、处置群体性事件和培训当地警察等工作，多次参与收缴武器、遣散非法武装、协助救济安置难民等专项行动，为驻在国恢复和平与稳定、保护当地人民群众的生命财产安全作出了重大贡献。

在任务区执行维和任务期间，李钦政委带领防暴队积极配合我驻外机构开展工作，救助生命垂危的侨胞，保护华人华商的合法权益；为中资企业保驾护航；积极宣传中国社会的进步与发展，宣传改革开放30年的伟大成就，为当地民众和国际社会打开了一扇了解和认识中国的窗口。

在任务区执行维和任务期间，李钦政委把在国内开展群众工作的理念和方法带到任务区，为无助儿童和受困民众送去关爱和温暖；李钦政委带领防暴队开展义务劳动，帮助当地居民重建家园；加强与联合国高层的沟通和交流，增进与友邻维和力量的了解和友谊，密切与国际组织、外交机构的关系，以实际行动和优异表现塑造了负责任大国的形象。

（摘自中国广播网，2010 年 1 月 7 日）

永远的敬仰

——怀念我二十三年的老战友李钦

李丕银

李钦和我是共事 23 年的老战友。自相识的第一天起,他的为人,他的处事,他的作为,一直让我敬仰。当噩耗从海地传来,我知道,我一直敬仰的老战友与我不辞而别了,留下我一个人,让我一生地敬仰,永远地敬仰。

第一次见到李钦,是在 1987 年 12 月的一天。当时我在红河边防支队任后勤军需助理员,李钦从昆明陆军学院调到红河边防支队工作,来找我办理供给手续。在办理手续时,我好奇地问他,怎么从昆明调来红河呢。昆明是省会大城市,红河只是偏远的边疆,无论哪一个条件红河都比不上昆明。我开过不少供给证明,但都是从红河调昆明或者调到其他更好的地方,从昆明调红河还是头一回。李钦说,他学的专业是越南语,在昆明陆军学院担任越南语教员,因为公安边防部队履行边境管理职能的需要,组织决定安排我到红河工作。红河是他的故乡,他家在蒙自,爱人在金平,于公于私他都愿意到红河工作。

舍弃优越的工作环境,从昆明来到红河,为的是公安边防事业需要、为的是家乡建设、为的是他的感情。第一次接触,李钦让我敬仰,敬仰他的坦诚,敬仰他重情重义。

李钦在支队司令部调研股工作。我们俩同在一个机关。感觉他话不多,做事很认真,走路说话都很正规。我一开始还以为他可能刚到新环境,有些拘谨,没有想到他一直都这样。他当战士时就是军事训练的佼佼者,言行举止都严格按条令条例来。后来考入昆明陆军学院,学越南语专业。在认真学习研究东南亚语言的同时,军事课目从来没有落下过。陆军学院毕业,他因成绩出众而留校工作。

我入伍后一直从事后勤工作,比起他,军事素质差远了。每次看到他干净利落的动作,听到他简明有力的口令,让我总有一番感慨。我不得不敬仰,他是一个军事素质过硬的军人。

1989 年 9 月,我考入武警西安技术学院后勤系学习深造,离开了红河边防支队,与李钦和其他战友一一告别。那也是我和李钦相识以来分别最长的一次。

1991年8月，我从武警西安技术学院毕业，分配到云南边防总队后勤部财务处工作。这时李钦也在总队机关，他一年前就调到总队司令部调研处工作了。分别两年的老战友又在一起共事，颇有一番他乡遇知己的欣喜。在同一个机关工作，我们俩生活上相互关照，工作上相互鼓励。交往比以前更多了，感情也与日俱增。

李钦一生都坚持工作第一，事业至上。他对工作十分投入，无论身为普通干部，还是走上领导岗位，凡事亲历亲为，身先士卒。2003年12月，党中央、国务院和中央军委作出加强边境管理的一系列指示，为完成好任务，担任总队司令部副参谋长的李钦，连续一个星期吃住在办公室，沙发就是他的床，盒饭、方便面就是他的中晚餐。他凡事亲自过问，严格把关，最终云南边防总队圆满完成任务，受到党中央、国务院和中央军委的一致赞扬。有一天晚上，我也在财务处加班，编制经费预算。当时是初冬，天气寒冷，能量消耗大，肚子饿得快。深夜12点时，我去买方便面当夜宵，看见5楼的灯亮着，也顺便多买了一些送去。没有想到在5楼加班的是我的老战友李钦和几位年轻的同志。吃完泡面，已经是凌晨一点多了，我回宿舍休息，5楼的灯还亮着。后来我问和李钦一起加班的年轻同志，他们说李副参谋长到凌晨五点多才休息，困了就在办公室的沙发上打个盹儿，他在办公室吃住整整一星期了。我听了，很是心疼，去他办公室要劝他多注意身体，别那么拼命。那时总队机关办公楼还没有搬迁，办公室很小，放了一张沙发就显得更拥挤了。更让我感到心痛的放在沙发上的那件军大衣。我指着军大衣问他，你就盖这个。李钦点点头，说习惯了，挺好的。我看在心里，疼在心里，当天就去专卖店买了一条2公斤重的上等蚕丝被给他。他非常感激，说没想到我心那么细，也没有客气就收下了。后来总队机关搬迁了，可那条蚕丝被他一直带在身边，一直盖着。这次战友们在整理他办公室的遗物时把这事告诉了我，让我热泪盈眶。其实，真正心细的是他。

李钦勇于挑重担，也善于在逆境中完成急难险重任务。2002年6月，红河边防支队河口边防大队发生一起严重涉外事件，大队领导被免职。李钦临危受命，调任红河边防支队副支队长兼河口边防大队大队长。面对河口大队基础设施落后、部队管理松散、士气低落的情况，他从后勤保障抓起，积极筹集经费40余万元，为身处炎热环境的河口边防大队官兵安装空调，结束了该大队用电风扇降温的历史。当时我担任总队后勤部财务处处长，李钦千方百计筹集安装空调经费的事我很清楚。李钦在争取上级部门经费的同时，积极奔走当地党委政府，并取得大力支持。他以身作则节约各项经费开支，终于把40万元凑齐。

安装了空调，官兵们的工作生活环境改善了。李钦狠抓管理部队、加强队伍建设和业务素质提高，使河口边防大队在短短的十个月内焕然一新，成为一支驻守在中越边境的素质过硬、纪律严明、业务水平高的执勤执法队伍。因业绩突出，调任河口边防大队仅十个月，李钦被提拔为总队司令部副参谋长。

2005 年 11 月，李钦受命侦办"11·02"特大跨国毒品案。他们出发去境外办案那天，李钦打电话给我，说他们要出境办案，需要携带一些外币。那天是星期天，银行无法兑换外币，我只好四处奔走，到友邻的一些外事单位借钱，跑了十几家单位才把钱借到。后来李钦带领的专案组历尽惊险最终将案件侦破，缴获海洛因 720 公斤。回总队时，他拉着我一定要和他们专案组成员合影留念，让我分享胜利的战果。他还说，"11·02"专案的侦破，不仅是他们专案组的功劳，业务部门的功劳，也和后勤保障分不开，和每一个战友的支持分不开。他的话让我深受感动。李钦勇于担当的精神，不居功、不贪功的心胸和气度让我敬仰。

李钦是一个非常讲原则的好领导。我担任财务处长期间，李钦负责办理了很多案件，尤其是毒品案。无论是办案经费开支，上交罚没物资，李钦都一丝不苟，清清楚楚，不乱花一分钱，不占公家任何便宜。我们财务处对办案经费和罚没物资的管理，时常受到上级领导的表扬，李钦功不可没。

尽管李钦一直在司令部工作，但凡事他都主动和其他部门协调。他不愧是优秀的带兵干部，工作主动，讲究配合，效率很高。2005 年 12 月 31 日，已经深夜 1 点多了，根据总队领导安排，他和我一起去省公安厅禁毒局财务装备处协调禁毒经费立项问题。李钦以娴熟的业务知识，向禁毒局领导详细汇报边境一线禁毒力量部署计划以及修建禁毒设施的必要性。后来禁毒局领导和省发改委的领导同意了他的请求，并经过省公安厅、省发改委等部门立项，报请国家发改委审批，最终下拨 3000 万元的禁毒基础设施场地建设专项经费。如果没有他从业务需要讲清道理，我一个人是申请不到这笔经费的。我们俩相互配合，及时准确地向禁毒局领导反映部队存在的困难，申请到经费，解决了基层部队开展三年禁毒人民战争经费保障困难。

李钦在工作中主动作为、顾全大局、勇挑重担、原则性强的精神让我敬仰，我也一直以他为榜样，鼓励自己，鞭策自己。

我和李钦是邻居，他家在三楼，我家在四楼。2004 年 8 月，我们两家同时装修房子，李钦一直忙于工作，很少过问。我问他需要我做什么。他说，装修房子全靠你嫂子一个人打理，我太忙了，很少过问，有空请你多帮帮她看看。

李钦是个好父亲。他工作很忙，但十分关心女儿的学习。他的女儿和我的儿子读初中时同读一所学校。2008 年他第一次去海地维和时，十分挂念女儿的中考，再三叮嘱我有空到学校看望老师时，也要时常过问他女儿的成绩。他在海地维和期间，逢年过节，我们一家经常到他家去走走，问问他的妻子和女儿有什么困难需要帮助。

今年元旦，我给远在海地的李钦发了一条祝福短信。短信发出不久，他就打来电话，向我报平安。他说海地环境艰苦，任务繁重，形势严峻，但他会把部队带好。他还过问起我的工作情况，让我踏实工作，勇于完成总队党委赋予的工作任务。我还说等他回来，要一起喝他的庆功酒。

为了国家，为了世界，为了人类和平，李钦带领维和队伍毅然踏上第二次维和的征程。为了国家，为了世界，为了人类和平，让我一直敬仰的老战友永远地离开了我，永远地离开了他的许许多多战友。留给我的，留给我们的，是一生的敬仰，永远的敬仰！

（摘自中国广播网，2010 年 1 月 19 日，
作者系云南公安边防总队后勤部副部长）

想你　我的爸爸

李沁遥（李钦烈士的女儿）

屋外，风阵阵作响。屋里，我静静坐着，看着墙上那熟悉亲切的面孔，突然觉得那么遥远。爸爸，你在哪里呢？我和妈妈还等着你，等着你回来，投入你温暖的怀抱，感受你强壮臂膊的力量……

这十多天来，只觉得是一场噩梦。来得太突然，让人无法接受；来得太匆忙，让我还没来得及做好准备；来得太惨烈，让我和妈妈迷失了方向。

今天回家的路上，像往常一样习惯性地靠在车窗上，幻想着你能像从前一样在我身后笑着说："丫头，别靠窗，会撞到头的！"然而没有，从前那么多普通的日子里，每当我靠在车窗上时，你都会从后面伸出大手，垫在我的小脑袋下面，因为你知道这是我的习惯，我喜欢这样靠着，看看窗外，发发呆，你乐意依着我。

快要春节了。亲爱的爸爸，天堂有春节吗？在天堂的你再也不用夜以继日地工作了吧？记事后的日子里，与爸爸总是聚少离多。不论是平常岁月，还是逢年过节，你总有太多工作要做，你总要把休息的机会让给战友。去年春节，维和归来的你终于和我们一起过年了，全家在一起的幸福时光点点滴滴都铭刻在我的记忆里。从昆明回老家需要四小时的车程，我坐在车的前排，你坐在我的正后方，一路上欢歌笑语，幸福的味道充满整个车厢。可我就是不经闹，一小会儿就困了，我小心翼翼地把座位一小点一小点地往后倒，怕挤到你。你魁梧的身体，在哪儿都喜欢宽宽大大的。可我的小动作没逃过你的眼睛。"小丫头，把座位放倒靠我身上。路还长，睡一下。"我得意地听着，幸福地笑着，甜甜地睡着。途中，你把外衣脱下盖在我身上，你一定以为我睡着了，其实我都知道，只是我一点都不想醒，只是想静静地享受这份温馨，这份来自你的温暖。你那大大的衣服足以把我瘦小的身体盖得严严实实，让空气都没有溜进来的机会。

你总是很骄傲自己拥有我这么一个小丫头，在你眼里我就是你的宝贝，是你的天使，尽管我总是在给你出难题，尽管我总是会不耐烦你的啰嗦，尽管我总是抱怨你是工作狂……

　　你和我，总是我睡觉你到家，我起床你出门，相见时间甚少。小时候对你的印象是摩托车、大盖帽；长大后开始想你，念你，粘你。每天你回来再晚我都要等，总是要看上一眼，才睡得安稳。有时候你回来得太晚，我只好先睡着等你，可是我一觉就睡到了天亮。每次妈妈都告诉我："你爸回来那么晚还要开你的门，看看你，拉拉被子，非要把你弄醒！让他别去吵你，他才不管呢！"听着妈妈那种心疼的抱怨，我笑了。这是怎样一种让人嫉妒的幸福呀！爸爸妈妈为了我方便上学，从初中到高中放下舒适的好房子不住，陪我辗转于学校周边。一间间简陋的出租房，睡觉从不能把脚伸直的床，一家煮饭家家香，一家说话大家听的小区，你陪着我，住了四年。

　　你的办公室搬远了，每天我还没起床你就得早早出门，可是你再忙都不忘来握握我的小手，抓抓我的小脑袋，把我闹得发发小脾气，你才出门。曾经你问我："知道为什么每天早上再忙都要来握握你的手吗？"我摇摇头。"是要给你力量，经我的手一握，你全天都会充满力量呢！"那一次，我又幸福地笑了，幸福地点着头，依偎在你宽厚的肩上，无忧无虑！

　　那天有阿姨问我，爸爸知道你很坚强吗？这个问题我从没想过，因为每当我最脆弱、最难过、最无助的时候，你一定会听到我的声音，遇到困难的我总是对着你委屈地哭诉，抱怨；我最最脆弱的一面都一丝不留地呈现在你面前，号啕大哭，哭到上气不接下气，哭到汗渗透所有衣服……你听着，时而安静，时而笑笑。你一定觉得自己很了不起，这么一个自己疼到家的丫头那么真实的在你眼前，她是那么娇小，那么那么离不开你的安慰，怀抱。

　　你每每对人提起我都自豪地说："我这个丫头就是遗传了我最优秀的基因！"是呀，我越是长大越是像你，一言一行，就像是年轻的你，这样活脱脱，这样令人欣慰。你在家时间不多，陪我们出去逛街的时间更是少之又少，难得有机会你一定是给我买妈妈平时要等到打折才买的衣服。我知道你有多喜欢看我穿着你买的衣服在你身边跳来跳去，我也十分享受这种在你面前翩翩起舞的时光！小时候，实在不懂你对我的意义，长大了，懂了，很幸福。有你相伴的日子，快乐，不孤单。

　　2010 年 1 月 13 日，海地发生了里氏 7.3 级大地震。在地球的那一边，天崩地裂。虽然相隔两万多公里，但我们的心却早已飞到那里，所有的亲朋好友和我一起为你祈祷。在我们心里你是那么坚强，那么勇敢；在我们心里你不是一般的人，你有超人的毅力；在我们心里，你会好好的，你心里有所有的队员，有我们一家，你放不下，我们都相信你是奇迹的化身。直到 1 月 17 号，生命中最黑暗的那一刻到来了，你狠心地把我们丢下，你不顾我瘦弱的身体，不顾你对我的承诺，不顾妈妈、奶奶、爷爷苦苦的等待。你走了，走得那么匆忙，那么悲壮。那一瞬间，在地球的这一边，我们的天也塌了。

就在地震前的几个小时你还在给我读英语。精通越南语的你，在去海地维和前又苦学英语。在联合国为第六支防暴队授勋的仪式上，你是用汉语和英语双语发言的。这一次，你说，快授勋了，你让我作为第一个听众，听听老爸的英语发音是否准确，这关系到中国维和警察的形象。电话打到一半你又有任务，匆匆挂断前你答应我明天再打电话给我，再读给我听。你不记得了吗？你还记得你说过等你回来休假时带我和妈妈去海南吗？你还记得你说过要让我在放寒假前收到你的信吗？你还记得你承诺奶奶等你退休了要买个大车带着我们全家到处走走天天在一起吗……

爸爸，你和你的队员说过，这几年最遗憾的事就是没好好陪丫头。爸爸，你可曾想过，丫头没有你的日子，会是怎样的孤独，怎样的无助。爸爸，我知道你还在，还在我们身边，一直都在！爸爸，我每时每刻都在想你，想你的一言、一行、一笑、一酒窝；爸爸，你那么爱我，那么疼我，可你还是把自己交给了国家，交给了世界。丫头知道你有太多的不舍，但丫头也知道，你总是把自己奉献给伟大的事业。虽然你常常说你从头发到脚趾都是国家的，来不及顾我们，可我们知道啊，你心里总是挂念着我们这个温暖的小家呀！

然而，天妒英才，上苍嫉妒我拥有你这样疼爱我的好爸爸，嫉妒妈妈拥有你这样的好丈夫，嫉妒奶奶拥有你这样的好儿子！你可曾记得，出征前你说过，如果有伤亡，那第一个一定是你！我曾怨你说这样不吉利的话，我曾怨你这样不顾我和妈妈……但我也知道现在的你无怨无悔，你一生轰轰烈烈，虽然你没有尽孝，但你是中国人民的好儿子，尽管你还没看到丫头长大成人，你还没有和妈妈白头偕老，你还没有让奶奶爷爷换上新房，但是现在，爸爸，我们所有人，不怪你，不怨你，因为你是为维护世界和平而牺牲的，你的死，重于泰山。你是我们全家的骄傲，是我们的榜样，是我们前进的动力！

我亲爱的爸爸，虽然你从不说出去维和作为政委的你有多辛苦，但女儿知道，在海地的每一天，你都是最早起床目送队员出勤，最晚休息要守候最后一名队员归队。女儿知道，每一次危险的勤务你都会冲在最前面，因为这就是你的性格。爸爸，每次回家你都说觉不够睡。这一次女儿接你回家了，你终于可以好好休息，饱饱睡上一觉了。丫头和所有人都会好好的，你的丫头不会让你失望，你永远都可以自豪地和大家说，我拥有一个丫头，她继承了我所有的优点！

想你，我亲爱的爸爸，我们永远在一起！永远爱你，我的爸爸！

2010 年 1 月 24 日

（摘自人民网，2010 年 1 月 28 日）

暖　冬

徐　宏

才见叶落飞黄，又是风凉冬寒。天气预报说，今年的昆明将是一个暖冬，可还是凉了。窗外，碧空万顷，闲云悠然，宝宝一旁熟睡，我有些怔怔的幸福，想这时光，安宁静好。

爱人从海地任务区打来电话，说中国警察参加联合国维和行动 10 周年纪念日（1月 12 日）即将来临，电话两头，相隔遥远，听来全是热切的暖意。爱人钟荐勤目前是中国第八支赴海地维和警察防暴队的新闻干事，他已经是第二次参加联合国维和行动了。我在公安边防部队服役 12 个春秋，也曾经是一名光荣的边防警察。现在，作为一名维和警察的家属，我感到由衷的自豪，凭临这个喜庆的日子，思绪万千。

提起他的维和情结，还得从首支赴海地维和警察防暴队凯旋回国之时说起。当时，云南公安边防总队有 5 名优秀官兵参加了这次维和行动，他则参与了首支防暴队的宣传报道工作。一天，他把战友的维和制服借了一套穿在身上，兴致颇为高昂，让我帮他照张照片留个纪念。我见他如此高兴，心里定是充满对维和的向往，就说，干脆自己去得了。当时只是随口说说，没曾想，维和的种子已经深深植进他心中。

由于工作原因，我们婚后一直两地分居，直至 2005 年我转业回昆明，夫妻才总算团圆。待一切都安定下来，已经是 2007 年，而立之年的我们便商量着想要个孩子。不想此时公安部来了通知，要求以云南公安边防部队为主选派官兵组建第六支赴海地维和警察防暴队。听到这个通知，他高兴得差点跳起来，小心翼翼征求我的意见。我心里却充满了矛盾。我了解他，为了这个难得的机遇，他等待了太久。可我也知道，他若报名参加，一旦入选就意味着要孩子的计划得推迟两年。我一直挣扎着，一方面希望他入选，毕竟是代表一个国家去参加维和行动，使命光荣；另一方面又希望他被淘汰下来，不用到战乱贫瘠的国度去，少点担心，这样可以安心在家要个孩子。做女人的谁没点私心呢？可看着他兴奋样子，又不忍扫他的兴，尽管心里不很情愿，还是只好默许了。5 月，经过一次次残酷而激烈的竞争选拔，到了 6 月 28 日，将确定 125 名正式队员。那天一大早我就起了床，心情异常复杂。这一关一过，原本平静的家庭生活又将被打乱；如果没通过，对于他来说又是个沉重的打击，毕竟，没有圆自己的维和梦。有人说：爱一个人，就要爱他的事业和追求。想到这，我赶紧拿出手机发了条彩信给他，是首《相信自己》的歌。考核结束后，他立即给我来了电话，电话那边一直气喘吁吁，刚跑完下来。他说，听到你发来的歌了，我浑身是劲，1500 米测试才 5 分 38 秒，考得不错。后来我听边防学校的同班同学说，那天他都跑吐了，就为了能够有优异的成绩成为一名正式的维和防暴队员。

通过努力，他最终入选了。看着他意气风发的样子，我心里杂味百出，是那种带着疼痛的兴奋。好不容易团聚了，马上又要分别，这一别又是一年多，内心不禁有些辛酸的悲凉。更让我心痛的是，我们的孩子又得晚些要了，而我，是那样热切地期盼着他的到来。

第六支防暴队出征海地的那天早晨，停机坪里站满了送行的家属，看着周围一对对你说我笑的，我竟是一句话也说不出来。只是呆呆地看着他在送别的现场奔忙着，拍照，录像，带着记者采访队员。他是那样精神蓬勃，士气昂扬。我心里欢喜而不舍，安静地注视着他，想清清楚楚记住他的每一个细节，留待他走后的日子里慢慢温习。那是只属于我一个人的快乐，真切而炙烈。飞机就快起飞，他才赶紧朝我跑来，我拼命忍住眼泪对他微笑，只想要他放心出征，平安归来。

海地任务区是联合国目前最危险的任务区之一，2008 年 4 月，有一周多没有跟他联系上，在新闻联播上又看见新闻，说海地因为粮食危机引发了大规模的骚乱事件，形势十分严峻。我整日焦灼不安，心绪极度忐忑。直至十天后，他从太子港发来信息报平安，我这颗高悬的心才放下。他说那些天和战友们组成一个处突分队前往距离海地首都太子港 200 公里外的莱卡耶参加特别勤务去了，因为任务紧太忙而没给家里电话。听着他的解释，我的心终于在嗔怪中平稳下来，却不敢告诉他，那十天，我怎样在牵挂中煎熬。

整整八个月，他在一线拍摄了近 300 盒 DV 带，把中国维和警察在异国他乡不畏艰难、英勇顽强、服务群众的事迹详实地记录了下来。回国后，根据他实地拍摄的视频素材，在部局业务部门的指导下，总队与中央电视台共同拍摄了三集纪实电视专题片《加勒比风暴》，并先后三次在 2009 年的"两会"期间，第八支防暴队出征前夕和国庆60 周年前夕播出，让国内的广大观众进一步深入了解了维和警察的工作生活，增进了群众对公安边防部队参与国际维和事务以及对维和工作的理解和支持，取得了良好的社会效应。每次单位的同事说起这个专题片的时候，我都会骄傲地告诉同事这是我爱人在前方拍摄的，那种感觉，不言而喻。

由于要准备第六支防暴队宣传表彰的素材，作为新闻干事他需要随先遣队提前回国，预计飞机到达昆明的时间接近凌晨，我按捺不住内心的喜悦，提前就一个人打着车赶到机场。不曾想，所有队员都出来了，独独没有看见他，我只好巴巴地张望着，急不可耐。几分钟后，终于看见他背着大行囊出现在我面前，憨憨地朝我笑，略带倦意的脸黑瘦了一大圈。给我解释说一下飞机忙着给媒体宣传素材，所以出来晚了。这一次，我没再忍，一下子拉住他，只让眼泪尽情地流淌。觉着幸福，亦是莫过如此：拽着他的手，一起回家，心里踏实无比。

他从海地回来的第二个月底，我就怀上了宝宝，这让我们欣喜不已。可就在宝宝7个月的时候，他突然接到上级命令，要求参加以云南、广东边防总队为主组建的第八支赴海地维和警察防暴队，通知来得如此突然，让我们大感意外。他参加第六支防暴队的时候，我们就推迟要小孩，没想到，半年后孩子即将出生，他又将再次赴海地参加维和行动。33岁的女人生孩子可是不折不扣的高龄和高危产妇，每次去医院，医生检查完总是千叮万嘱的，面对现实，我实在一下接受不了，一个女人生孩子，丈夫不在身边，心里该多不踏实。他看到我忧郁的样子，心里也着实内疚，忧心忡忡。有天晚上，我跟肚子里的宝宝说悄悄话，在床上辗转反侧的他对我说，两周后将到维和培训中心集训参加第八支防暴队，前三天总队干部处给他打电话，征求过意见了，他的回答是："一切没有问题。"其实话一说出口，他就觉得实在是不好和我交代。歉疚的语气让我心疼，感觉着肚子里宝宝的心跳，我一句话也没说，只轻轻拉着他的手放在宝宝的位置，想极尽享受这一家人在一起的每一秒钟。作为一名转业的公安现役部队军人，我比任何人都能理解军人的职责，小家服从大家，个人服从国家，是一个军人最基本的职业操守，我们都始终牢记。所以，我只想给他微笑，这笑意，是理解和支持，也是爱和支撑。

"无情未必真豪杰，怜子如何不丈夫。"第八支防暴队出征日期定在了6月13日，宝宝的预产期在6月17日，前后就几天，其实每一个当妈妈的都希望自己的宝宝在自己肚子里待到足月，可我那段时间总是希望宝宝早点降生，可以让她爸爸看看再出征，弥补少许遗憾。眼看就到了临近出征的日子，宝宝还是乖巧而执拗地待在妈妈肚子里，我心里不免多了些失望和感伤。可送行的时刻，我还是告诉他，别担心，宝宝比较腻妈妈，她出生的第一时间就要让爸爸知道。他笑笑，没有言语，紧紧握了握我的手，便转身走了，没敢回头。

孩子在他到达海地任务区第三天即6月17日出生了。作为高龄产妇，医生决定剖腹产，麻醉带来的昏晕和创口伤痛整整折磨了我一星期，我多希望这个时候能拽着他的大手，让他的抚慰减轻我的伤痛，可只有闭上眼睛，才能看到心里整个的他，遥远而真切。当我醒来，第一眼看到的便是我们的女儿，小家伙简直是她爸的翻版，眼睛、嘴巴、鼻子、脸型，像极了，看到她，恍然又看到了她的父亲，心里尽是无边的快乐和安慰。后来，他打电话告诉我，我生女儿的那天，他激动地一天没有睡，海地和中国的时差13个小时，他就等着我手术后的消息，不停给父母打电话，知道母女平安后，才彻底放心。总队首长和战友们在我生产后，以及在"八一"、"十一"这些重大节日到医院和家里看望慰问，让我觉得尽管丈夫远在万里之遥，在身边的人给予我的温暖时时处处围绕着我。

目前，爱人还在万里之遥的海地任务区和队友一起为维护世界和平挥洒着青春的力量和汗水。我期待他能早日平安归来。其实，这不仅是我一个人的期盼，也是每个维和防暴队员家属的期盼，每个维和防暴队员身后的坚强而幸福的家庭，都是他们在任务区直面挑战、顽强拼搏、不辱使命、为国争光的力量源泉。

我祈求和平的甘露洒遍世界每一个地方，祈求战乱贫瘠的地方早日安宁祥和，祈求每一名维和警察在遥远的异域他乡平安健康，早日凯旋把荣光灿烂的和平勋章别在亲人胸前，把寓意美好的名字写进宝宝的笑靥。

第一次参加维和回来他说："回国的感觉真好，出门再也不用穿戴防弹头盔和防弹衣了。"

第二次参加维和还未归来，他憧憬着告诉我："回国的感觉真好，可以一手抱妻子，一手抱孩子。"

宝宝依然熟睡，阳光明媚和煦。

这是个暖冬。

（本文系钟荐勤的妻子在2009年11月16日写的一篇文章）

还没给女儿拍过照片

周 琼

钟荐勤出征海地的第4天，他的女儿出生了；可是在女儿出生之后第210天，他自己却永远地走了。作为一名新闻宣传官，他的相机里留下了那么多人的身影，却最终没能亲手拍摄过女儿的笑脸，他甚至，从没亲手摸过一次孩子的脸……

借来过瘾的维和警察装

钟荐勤的维和警察之梦，可以追溯到2004年。那年10月，从全国选拔的125名警察组成中国首支维和警察防暴队，前往海地太子港执勤。这其中，就有来自云南边防总队的三名同志。在他们胜利归国之后，云南边防总队为了让更多的同志了解维和工作，在内部举行了一系列小型报告会。当时的钟荐勤，已经是云南边防总队政治部边防战士报社干事，近水楼台的他有了与维和警察们多次亲密接触的机会。他喜滋滋地借了维和警察们的独特制服来穿，央求着战友替他拍了一张又一张，"那架势，恨不得那衣服就此能长在他身上。"

2007年4月，机会终于来临。上级决定，第六支维和警察防暴队从云南边防总队中选拔。每支维和警察防暴队都必得有一个新闻宣传官。这对钟荐勤而言有一定的优势。在此之前，他已经跟着侦查队出了无数次贩毒、贩枪、偷渡等案件的现场，拍了差不多6年的电视纪录片，在各大媒体广受好评。因为工作出色，他荣立过两次三等功、一次二等功。

但无论有多大优势，选拔需要过的第一关是体能和体检。维和警察对体能、体质的要求相当高，边防部队尤其是百里挑一，用云南边防总队宣传文化处处长刘广雄的话说，"连生了痔疮的，都不允许去。"

看了看周围跃跃欲试的年轻宣传干事，他还是不敢掉以轻心。在刘广雄的回忆里，那段时间，钟荐勤和处里的其他小伙子较上了劲。折返跑、俯卧撑……一个赛一个地练得狠。但最终，还是钟荐勤的综合评价更胜一筹，脱颖而出。

过了第一关，再经过第二轮包括英语、维和知识、海地知识在内的各项专业训练，2007 年 11 月 5 日，钟荐勤和他的战友们迎来了前来进行甄别的联合国官员。这是最令他们骄傲的一幕———没有一个人因为联合国官员们的不满意而被刷下。这个荣誉，从中国参与维和工作那一刻开始，一直保持到了现在。

2007 年 12 月 13 日，第六支维和警察防暴队正式出征海地，开始了他们长达 8 个月的维和使命。而钟荐勤，是其中第六战斗小队队员兼"新闻官"。

拿着枪的手，按在了快门上

2008 年 4 月，钟荐勤进驻海地的第四个月份。当时的海地莱卡耶地区骚乱已成为全球关注的焦点。一名参议员回莱卡耶老家时被一群愤怒的示威人群包围，而就在当天上午，他的助手已经被残忍地杀害。整个营救过程中，钟荐勤就在议员身边一米不到的地方，和对方狙击手的距离不过一条街，他的选择却是："把拿手枪的手握在相机上，左右开弓，把珍贵瞬间记录下来。"

这个场面，几乎成了钟荐勤在海地岁月的缩影。

在钟荐勤的笔记里，海地这个年平均温度很高的国家，蒸腾的并不只是空气。这里的"动荡似乎成了一种文化氛围，在拥挤无序的交通环境里肆意张扬着。"骚乱往往一触即发。根据统计，海地每天都有绑架、强奸、枪杀、私刑、游行示威等暴力事件发生。

与其他防暴队员相比，钟荐勤的日常职责是记录。全程记录防暴队的工作、生活、执勤等状况，将防暴队的精神面貌全面展示给国人和世界，这是他的主要使命。

在第六支维和警察防暴队驻扎海地的 8 个月期间，他在中央、省、市媒体共发稿306 篇，其中播发电视专题片 14 部。正是在他的积极协调下，2008 年大年初一，中央电视台国际频道播出了反映防暴队员一天执勤生活的电视专题片；新华社发了题为《海地春节乐融融》的报道，并被《参考消息》刊载；在国内遭受重大雪灾和地震灾害后，维和官兵捐款献爱心 11 万余元人民币的消息，也通过新华社巴西分社及时发回国内。至于日常积累的素材，就更是不胜枚举。据统计，他拍摄的视频资料 DV 带多达267 盒，资料照片有 6 万余张。

虽然更多的时间是握着笔，但这并不意味着钟荐勤在海地的生活有多安全。

因为，为了更全面的记录防暴队员的工作，钟荐勤比其他队员面对更多的暴力场面。"这个小队的人休息了，他可能又会去拍另外一个小队的执勤情况。"在战友们看来，每一场暴力面前，明明带着枪的他选择不断按快门，"等于为了做记录，自动放弃了对自己生命的保护"。

正是这样的奉献与牺牲，2008年7月9日，钟荐勤及其所在中国第六支赴海地维和警察防暴队全部被联合国授予"和平勋章"。回国后，因执行维和任务成绩突出，钟荐勤又荣立一等功。

"一定要等我回来再给女儿取名字"

有拥有就有失去，有战乱就有死亡。

尼日利亚警察爱米诺是钟荐勤在海地失去的第一个朋友。这个因为跳河救人被钟荐勤所敬重的黑人小伙子，喜欢上了阿根廷医院一个叫莎拉的姑娘。钟荐勤给他拍了张得意之作，他便一直惦记着要让钟荐勤送给莎拉。结果，照片还没冲洗出来，他却已经牺牲在了异国他乡的街头。

只是他永远也想不到的是，就在爱米诺走后一年多，他走上了一条和爱米诺那么相似的路——那么多的照片留下了，可是自己惦记的人们，却再也见不到他了。

钟荐勤最惦记的，是自己的爱人和孩子，尤其是孩子。

其实钟荐勤想要个孩子已经想了很久。1975年出生的他，2003年结婚时已经被认为老大不小。因为工作，因为维和，孩子的事情被一拖再拖。直到2008年8月，他圆满完成维和任务回国，夫妻俩才终于下定了要孩子的决心。

就在夫妻俩兴致勃勃地为即将出世的小婴儿购置家什的时候，2009年4月，第八支维和警察防暴队的组建拉开序幕。钟荐勤再次成为候选人之一。

没有犹豫，钟荐勤再次迈进出发前集训的行列。事实上，钟荐勤在第八支维和防暴队里并不是孤例。据公安部边防局张其武处长介绍，第八支维和警察防暴队的125人都参加过两次以上的维和工作，"有十多人是新婚之后走的，不少人是走了之后，生了孩子，孩子还没有见到。"

2009年6月13日，钟荐勤作为第八支维和警察防暴队成员之一再次开赴海地。四天之后的6月17日，他的女儿出生了。

得知女儿出生，钟荐勤激动得不知如何是好。营地的公用电话不许随便用，他又舍不得拿手机打国际长途，于是QQ视频成为他生活里最大的乐趣之一。因为时差，他每天只有下班后的一小时可供珍惜——那个时候，正好是国内刚刚天亮，妻子徐宏会趁着上班前的间隙，将小女儿抱到电脑前让爸爸瞅瞅。有时候动静太大，把孩子弄哭了，徐宏会哭笑不得地看着这边的钟荐勤飞快打字，"赶紧抱回去抱回去抱回去"、"赶紧哄她哄她哄她"。

八个月大的女儿至今还没有名字。据说钟荐勤曾经给女儿起了个名字，结果被徐宏狠狠毙掉了，"太丑了！"钟荐勤为此愤愤不平地声称，不许提前给女儿起名字，"一定要等我回来之后再取！"

没人有勇气问徐宏，如今孩子的名字取好了没有。甚至地震发生了好久，也没人有勇气通知徐宏。这个在地震次日还坚持上班的坚强女子，在得知丈夫深陷废墟的消息之后，终于忍不住泪流满面……

（摘自《人民公安报》，2010 年 1 月 18 日）

战火中的新闻官

——追记中国第八支赴海地维和警察防暴队新闻官钟荐勤

刘广雄　杨玺　谢丽勋　张宁　李燕飞　范玉泉

时间永远定格在 2010 年 1 月 13 日 5 时 53 分，一个还未见过自己女儿的父亲——钟荐勤，为了他所钟爱的维和事业，永远地长眠在万里之外的加勒比岛国——海地。

"回来一定要好好抱抱我的女儿。"他在海地和国内战友通话时常常这样说，因为他还没有见过自己的女儿。接到参加第八支赴海地维和防暴队的通知时，他的妻子已经怀孕七个月。但钟荐勤同志以大局为重，服从组织安排，毅然告别即将临产的妻子，奔赴廊坊参加集训。就在他奔赴海地后的第五天，女儿呱呱落地了。三十五岁得子，欣喜的同时更多的却是内疚：妻子是高龄产妇，他曾许诺，孩子出生时，他一定会陪在妻子身边，一定让孩子来到人间睁开眼就能看到爸爸的笑容。然而为了神圣的维和使命，他对妻子和女儿食言了，这次维和之行成为钟荐勤生命永远的远行……

比战斗队员出枪快的新闻官

虽然身为新闻官，但到达海地后，看到执勤任务如此繁重，钟荐勤主动申请编入了战斗小队，与队友一同执勤。他常和队友说："别看我是新闻官，但我战斗力绝对不比你们差，我拔枪比你们都快。"队友们不服，就和他比试出枪速度，但纷纷败下阵来。

原来钟荐勤虽是新闻官，但为了在执勤时不给队友们增添负担，每次都是全副武装，除了携带拍摄所需的摄像机、照相机外，还要携带自动步枪和手枪。一次执勤时碰到突发情况，其他队员一个动作就进入了战斗状态，而他则需要"放摄像机、拔枪"两个动作才能完成出枪，比别的队员要慢 2 秒。而这 2 秒，势必会给自己和队友带来巨大的危险。于是，他利用执勤的空闲时间，反复练习出枪动作。功夫不负有心人，经过刻苦训练，他做到了 2 个动作和普通队员一样快的出枪速度。因此在比试时，他只用一个动作，花费的时间自然比其他队员短。从此，别的队员都叫他"快枪手钟SIR"。

海地是一个热带国家，天天都是酷暑，毒辣的太阳刺得人睁不开眼，在这样恶劣的天气下，防暴队员每天都要全副武装巡逻执勤，而钟荐勤也是他们中的一员。头盔、防弹衣，手中的相机，肩上的摄像机，还有腰间的手枪和自动步枪，别人是20多公斤的装备，而他的装备却是近40公斤。在海地维和期间，他的衣服天天都是湿透的，随队执勤，随警作战，一次次一回回，汗水从身体的各个部位冒出来，一直流到防刺靴里，没有一处是干的；头盔压迫得人头皮发麻，大滴的汗珠顺着太阳穴往下流，防弹衣都被汗水浸湿了，但这些对钟荐勤来说都不重要，重要的是手中的"武器"——相机和摄像机，这两样是钟荐勤最珍视的东西，因为他要用它们去真实地反映中国维和警察在任务区牢记使命、不畏艰险的良好精神风貌，彰显中国维和警察威武之师、文明之师的风采。

在海地任务区，钟荐勤随队作战，拍摄了大量珍贵的图片和视频资料，先后参加了联海团下达的太阳城、家乐福、马提桑、德尔马斯、佩森威尔、夸得布格、夸得布萨莱、中心城区、DDO、DCPJ等执勤区域的武装巡逻、定点查缉任务，承担了往返戈纳伊夫护卫运送巴基斯坦防暴队轮换、总统演讲警卫、三次搜捕绑匪、太子港狂欢节现场警卫、大规模游行示威控制、临时高危抓捕等专项勤务。防暴队每一项勤务中，都有他的身影。他一手执枪一手摄像，在一线拍摄了大量珍贵的图像和视频资料，特别是在战斗队员参加"高危"行动中，他为了完整记录队员们在行动中的突出事迹，每次都冲锋在一线，为历史资料的保存和对外宣传奠定了坚实的基础。

在防暴队，钟荐勤工作起来不要命是出了名的，他旺盛的精力也是队员们特别钦佩的。在海地维和的日子里，他平均每天睡眠不足四个小时，每次执行任务归来，别的队友休息，他却要挑灯夜战，整理素材，撰写稿件，别人睡一觉醒了，看到的还是他在灯下忙碌的身影。第六支防暴队在海地八个月的任务期中，钟荐勤在中央、省、市媒体共发稿286篇，其中播发电视专题14部；在公安专网刊发稿件177篇，图片623张；为队员拍摄照片4万余张，拍摄视频DV260盒。

用镜头说话的新闻官

"如果拍的不清晰，说明我离得不够近。"这就是钟荐勤作为新闻官的信条。从他从事新闻工作的第一天开始，这句话就被他铭记于心。2004年，在震惊全国"11·02"跨国武装贩毒案的抓捕现场，他真的做到了站得够近，拍得够清。当时，因为正值深夜，警方抓捕人员没有发现毒贩的交易场所有两道门，所以当撞开第一道门后，无法冲入交易现场，而根据情报，毒贩可能携带武器。其他人都隐蔽时，钟荐勤像雕塑一样手持摄像机定在了第二道门口。他的这一举动极大地鼓舞了战友，大家迅速撞开了第二道门抓获了正在交易的毒贩。事后战友问他为何不隐蔽，他说："如果我隐蔽了，就没法拍到你们冲进现场的镜头，没法第一时间拍到毒贩交易的镜头了，我福大命大，不会死的！"

到达海地后，钟荐勤在参加维和防暴队各项勤务的同时，也没有忘记自己的职责，他随同防暴队参加了解救联海团车辆、营救被困的海地议员、市区平暴、清理市区街道路障、夜巡莱卡"小太阳城"、武装押解要犯等一系列勤务，每一项勤务潜在的危险都是巨大的。作为新闻官，他要付出比普通队员更多的辛苦。为了真实、近距离拍摄，他总是战斗在最前线。在营救海地被困议员的勤务中，出于安全考虑李钦政委没有让钟荐勤下装甲车进入议员家，但为了拍摄的真实效果，他不顾周围复杂的环境，跳下装甲车，进入巷道，冒着生命危险完整记录了整个营救过程。由于贴近实战拍摄，镜头真实、感人、具有很强的视觉冲击力，节目邮寄回国内在电视台播出后，观众的反响很大，进一步了解了维和的危险和艰辛，取得了非常好的社会效应。然而没有人能想象到在枪林弹雨中扛着摄像机的钟荐勤面临着多大的危险。

2008年4月，距离太子港200公里远的南部城市莱卡发生大规模骚乱，中国维和防暴队奉命前往处置。当时，局势混乱，联海团营地数次遭到暴徒冲击，营地围墙被推倒。钟荐勤主动请缨，跟随先遣分队一同前往。在前往的路上，车队遭遇了25道路障，在距离市区5公里的路段车队忽然遭到了武装匪徒的枪击，来接应的乌拉圭维和部队装甲车的车载机枪"突突突"地狂响了起来，中国和尼日利亚防暴队的队员赶紧还击，一时间枪声大作，硝烟在武装匪徒藏匿的地方弥漫，经过激烈的还击，武装匪徒见占不到便宜便仓皇逃离现场。在这场惊心动魄的战斗中，钟荐勤始终坚持站在装甲车半封闭塔台上用摄像机记录下了一切。战友问他害不害怕，他却笑着说："是子弹怕我，躲着我跑，我怎么会害怕。"

事后，负责接应的乌拉圭维和部队的一个士兵用英文对他说："钟，你是在玩命。"钟荐勤平静地说："身为新闻官，这就是我的战场。我的职责就是用我手中的摄像机忠实地记录下发生的一切，包括每颗子弹划过空气的声音。"

最受欢迎的战地新闻官

"联海团"，全称联合国海地稳定特派团，由来自包括中国的42个国家的军事人员、联合国警察、国际文职人员、联合国志愿人员和当地文职人员组成。

钟荐勤身为新闻官，主要职责就是向外界宣传中国维和警察威武之师、文明之师的形象，为此免不了和其他国家的维和人员打交道。为了更好完成自己的职责，钟荐勤可谓是绞尽脑汁。出征海地前，他就向前几支防暴队员们请教，提前在国内购买了很多物美价廉又具有中国特色的特产。到了海地之后，钟荐勤与任务区42个国家的维和人员，以及防暴队、维和部队的官兵进行了互访交流，建立了深厚的战地友谊。

第六支防暴队结束任务准备回国时，阿根廷野战医院的莎拉中尉专门到营地为钟荐勤送行，她把镶有阿根廷版图的工艺品赠送给他，希望远在南美万里之遥的维和战友有机会也能到阿根廷看看；菲律宾空军上尉亚里赠送的礼物是一套带有他姓名牌和军衔标志的制服；巴西大兵洛得林赠送的礼物是他的军帽；法国武装警察马克赠送的礼物是他制服上最别致的伞降标志。在任务区，钟荐勤与其他国家的维和官兵和警察交换赠予的礼品就达500多件。虽然有的是很不起眼的钥匙扣，一面小国旗，一个小臂章，但钟荐勤都细心地把它们珍藏，因为这些礼物是钟荐勤和各国维和战友同甘共苦维护世界和平的最好见证。

钟荐勤还发挥新闻官的特长，在友邻维和部队和防暴队授勋与轮换交接庆典、国内慰问团来访等活动中，积极参与协助，为他们拍摄了大量的照片和录像视频，并及时地把资料刻录成光盘送到他们手中。约旦防暴队最高指挥官麻森在给中国防暴队的来信中说："感谢你们新闻官出色的工作以及给我们提供的无私帮助，让我们留下那么多难忘的回忆。"

钟荐勤利用新闻官与外界接触多的机会向海地民众积极宣传中国传统文化，每一次上街，都会有热情的海地民众亲切地用克里奥语称呼中国维和防暴队"希里瓦"，意思就是中国的意思，钟荐勤用实际行动加深了海地社会民众对中国的进一步认识和了解。

"我爱你，北京。北京。我去休假。"

钟荐勤："Yes，I'm going to holiday. OK repeat."

刚才这一段对话就来自中国防暴队新闻官钟荐勤和他的海地学生莱内·法内尔。法内尔在当地的索纳比工业园工作，每周到中国营地一两次，跟钟荐勤学习汉语。他说，中国防暴队员待人很友好，他们来海地是为了帮助海地实现和平，所以他很愿意和中国人交朋友。法内尔说："有一天我看见他（钟荐勤）在那边走，我就站在那儿等着他，向他问好，他也向我问好，然后我们就交谈了起来。因为我对中国很感兴趣，就问他能教我中文吗？他很爽快地就答应了。"

谈起为什么要学习汉语，法内尔说他很喜欢中国文化，希望有一天能去中国。"我有一个梦想,我想去中国。中国离我的国家很远,如果有可能,如果我赚到钱,我要去中国。"

海地时间2010年1月13日下午,中国赴海地第八支维和防暴队的一支车队在联合国海地稳定特派团大楼门前停下,钟荐勤全副武装,挎着照相机,扛着摄像机跑在最前面。因为公安部赴海地工作组、防暴队领导要与联合国官员商谈维和工作,钟荐勤要摄录这些珍贵的资料。然而40多分钟后,地动山摇,日月无光……

北京时间2010年1月16日下午,中国救援队在联海团大楼中挖掘出一部相机和一部摄像机,它们的主人——钟荐勤随后被找到。相机中还清楚地留下了此次遇难的其他七位维和英雄最后的影像,唯独没有钟荐勤的身影。这位年仅35岁的边防警官,这位始终站在镜头背后默默奉献的新闻官,在生命的最后一分钟仍在忙碌着,仍在尽职尽心地工作着……

（摘自《边防警察报》,2010年1月19日）

为联合国官员担任翻译

陈文军

声音："于苍穹社会，我也许只是一棵小草，但我也要以小草的方式，向春天展现生命的绿色；于大千世界，我也许只是一根羽毛，但我也要以羽毛的方式，承载和平的心愿。"

第一次参加维和时，孩子才一岁多

2007年3月，一个让边防官兵充满激情的消息在云南公安边防总队传开：中国第六支赴海地维和警察防暴队将由该总队组队出征。当时，和志虹的孩子才1岁多，正是离不开母亲呵护的时候，在银行工作的丈夫基本没时间照顾孩子。经过一番慎重思考和艰难选择，和志虹下定决心：国大家小。在家只能照顾一个孩子，如果参加防暴队执行国际维和任务，可能会有更多的孩子得到安宁，甚至保住生命。2007年5月，和志虹以优异的外语成绩和综合成绩入选中国第六支赴海地维和警察防暴队。

在海地，一支防暴队就是一个国家形象的缩影，一名防暴队员展现的就是一个国家的风采，每个队员的一言一行，不再只是单纯地代表自己。2007年12月3日，和志虹作为赴海地维和先遣队员，一到达海地任务区，就立即投入紧张的工作中。在她积极联系下，防暴队迅速完成了防暴队首长与联海团总部、友邻防暴队、维和部队和驻海地中国维和警队等相关单位的走访会谈，对外联络工作得以迅速展开，为共同合理分担维和勤务、增进相互间的交流与合作奠定了基础。在海地执行维和任务期间，她先后为联合国负责法律事务的蒂托夫先生、巴西政府高官代表团、约旦政府高官代表团及联海团的秘书长特别代表等官员担任英语翻译，得到一致认可。

舍弃小家，只缘心中装有大爱

1998年，和志虹以优异成绩从云南师范大学外语系英语专业毕业后，怀着青春的

143

梦想，成为云南公安边防总队昆明边防检查站的一名女警官。

有一次，和志虹在对达卡至昆明航班进行入境检查时，发现10名持马来西亚护照的旅客并没有马来西亚人的特征，反而有比较明显的孟加拉国人的特征。和志虹仔细查验他们的护照，发现果然有疑点。随后，她将这10本护照送往该站证照研究中心进行进一步检测，确认其中9人所持的马来西亚签证系伪造，1人有组织偷渡活动嫌疑。10年来，凭着细心、责任感和过硬的业务素质，和志虹共查获偷渡案件50余起，抓获偷渡嫌疑人80余名，查获毒品案1起，抓获毒贩2名，查获各类案件26起。

因为没有时间照顾儿子，和志虹只好把儿子托付给远在丽江的父母。熟悉和志虹的人都知道，舍弃小家的她，心中装的是大爱。"5·12"汶川大地震发生后，正在海地执行维和任务的和志虹通过互联网得知消息后，立即向领导报告，积极协调开展向祖国灾区捐款活动，自己带头向灾区捐献了100美元津贴，并通过互联网发动国内的家人捐款。在她的号召下，丈夫及家人共向灾区捐款10000余元人民币。

（摘自《人民公安报》，2010年1月17日）

永远怀着和平的心愿

陈文军

和志虹心声:"于历史长河,我也许只是一滴水珠,但我也要以水珠的执着,追寻生命的浪花;于苍穹社会,我也许只是一棵小草,但我也要以小草的方式,向春天展现生命的绿色;于大千世界,我也许只是一根羽毛,但我也要以羽毛的方式,承载和平的心愿。"

边防女警官面临两难抉择时的心灵升华

中国第六支赴海地维和警察防暴队将由云南省公安边防总队组队出征。2007年3月,从得知消息的那一刻起,和志虹的心绪就再也无法平静了:家事、国事,同时摆在面前,让人如此难以取舍。

当时,和志虹的孩子才1岁多,正是离不开母亲呵护的时候,在银行工作的丈夫基本没时间照顾孩子,远在丽江的父母由于家里还有老人需要照顾,也脱不开身。经过一番慎重而又艰难的思考,和志虹下定决心:国大家小。在家只能照顾一个孩子,如果参加防暴队执行国际维和任务,可能会有更多的孩子得到安宁,甚至保住生命。

出征海地,这是和志虹生命中的一次重大决策,也是一名边防女警官的一次心灵历练。

2007年5月,和志虹以优异的外语成绩和综合成绩入选中国第六支赴海地维和警察防暴队,随即前往武警学院进行集训,并担任联络官兼女兵小队小队长、党总支委员。她始终以高度的政治使命感、工作责任感全身心投入到军事、体能、外语等科目的学习、训练和各项工作中。体能训练时,和志虹膝盖严重受伤,病情稍微好转后就又以顽强的毅力投入到训练中。集训期间,作为防暴队党总支委员、安委会成员,和志虹更是从一言一行做起,大胆管理,使全体女队员加强业务学习,提高口译能力,在较短时间内以优异成绩通过了联合国官员的甄选评估。

2007年12月3日,和志虹作为赴海地维和先遣队员到达海地任务区。为了尽快给大部队抵达海地顺利开展工作打下良好基础，和志虹争分夺秒了解任务区联海团框架、运作方式等，尽快适应新环境，熟悉新情况，与第五支防暴队做好各项交接工作。

在海地，一支防暴队就是一个国家形象的缩影，一名防暴队员展现的就是一个国家的风采，每个队员的一言一行，不再只是单纯地代表自己。和志虹牢固树立大局观念，认真领悟国家外交方针政策和中国警察在海地维和的基本职能，在每一项工作中都严格要求自己。大部队到达后，在她积极联系下，防暴队迅速完成了防暴队首长与联海团总部、友邻防暴队、维和部队和驻海地中国维和警队等相关单位的走访会谈，使对外联络工作得以迅速展开，为共同合理分担维和勤务、增进相互间的交流与合作奠定了坚实基础。

作为联络官，和志虹时刻不忘学习我国外交政策及外事原则，在与其他防暴队接触及担任翻译期间，她坚持原则，善于将理论知识与现场翻译有机结合，并注意及时总结、完善，在每一次外事活动中都充分展示了中国维和警察的专业素质，在维和同行中赢得了较高声誉。仅在海地执行第一次维和任务期间，她先后为联合国负责法律事务的蒂托夫先生、巴西政府高官代表团、约旦政府高官代表团及联海团的秘书长特别代表等官员担任英语翻译，得到一致认可。

像一片绿色的橄榄叶透着淡淡清香

因为没有时间照顾，和志虹只好把儿子托付给远在丽江的父母。转眼儿子已经4岁了，亲友们曾开玩笑地跟和志虹说："你儿子现在只会讲丽江方言了。"每每听闻此言，和志虹只能报以苦涩而无奈的一笑。熟悉和志虹的人都知道，舍弃小家的她，心中装的是大爱。

"5·12"汶川大地震发生后，正在海地执行维和任务的和志虹通过互联网得知消息后，立即向领导报告，积极协调开展向祖国灾区捐款活动，她自己带头向灾区捐献了100美元津贴，并通过互联网发动国内的家人捐款。在她的号召下，丈夫及家人共向灾区捐款10000余元人民币，为灾区人民送上了一份爱心。

驻守在昆明国际机场的昆明边防检查站，除了履行边防检查、出入境管控和打击贩毒、偷渡等非法出入境活动外，还要为出入境的各国贵宾、商贾、旅客提供优质、高效的服务。自调入昆明边防检查站工作以来，和志虹努力提高自身专业素质和边检服务水平，与战友们一起出色完成了1999年的世博会、GMS会议、东盟论坛、昆交会、旅交会等大型国际会议的边防检查及安全保卫任务。工作中，和志虹始终坚持把服务对象的需求作为第一信号，像一枝绿色的橄榄，挥洒着淡淡的清香，向来自世界各地的中外宾客展示着国门卫士的良好形象。

战友眼中的和志虹有亲和力关心人

昆明边检站勤务中队指导员和国金与和志虹有三重关系：是和志虹的"徒弟"、丽江同乡、同为纳西族。他向记者描述了他心中的和姐形象："体贴人、关心人、爱护人，全部身心都投入到了工作中。"

2006年，刚从学校毕业分配到昆明边检站工作的和国金跟随和志虹学习。他现在还记得第一天上岗时的窘境：面对人流如织的外国旅客，他接过第一本护照时，想到要在45秒钟内查验完毕的工作要求，培训时学到的知识面对护照上密密麻麻的外文居然变得一片空白，霎时急出了一身汗。一旁指导的和姐立即安慰他别慌，要按程序慢慢来，然后逐项提示他查验、操作要领：防伪标记、签证有效期、盖章……很快，和国金就沉稳下来。

在丽江偏远农村长大的和国金比较腼腆，认为自己的英语水平太差，面对外国旅客总是不敢开口对话。和姐就一句一句地教他常用语，并逼着他说。后来，广西大学的一位教授从柬埔寨回国办理入境手续时，听到小和流利的英语对话，直夸他的发音很地道。那一刻，小和的心里充满了对和姐的感激和对工作的信心。小和告诉记者，后来虽然与和姐不在一个岗位了，但和姐还是时常过问他的工作情况。他说自己担任指导员后，很多带兵方法都得自和姐"秘传"。

和志虹在同事们中间有个外号"和大妈"——这是昆明边检站检查员吴弘彦向记者透露的"小秘密"。身为傣族姑娘的吴弘彦说，和姐具有典型的少数民族性格，非常豪爽直率，但又特别细心，有时甚至细心到让人觉得很唠叨。精力充沛爱管事、工作细心且较真，富有亲和力，这是大家对和志虹的共同评价。吴弘彦向记者回忆了第一次见到和志虹的情景。当时和志虹正怀着孕，挺着个大肚子，笑眯眯地问："你是小吴吧？"看着穿着朴实得像个农村妇女的和志虹，她怎么也跟传说中翻译水平、业务能力特强的和志虹对不上号。

有一次，和志虹在口岸负责台外引导工作，正当她微笑着引导旅客办理入境手续时，一位老太太在亲人搀扶下走了过来。和志虹迎上去询问情况，当得知老太太手臂受伤，行动不便，在飞行途中身体不适的情况后，立即热情地将老太太搀扶到休息室，端上茶水，然后跑前跑后为老太太及其亲人办理入境手续。在和志虹的热情帮助下，手续很快办完，老太太的身体经过休息也得到了恢复，千恩万谢地离开机场。老太太的女儿回到住处后，立即将一封感谢信传真到边检站："昆明机场的边防官兵精神面貌和服务态度都很好，让我们一下飞机就感到家的温馨和亲人的温暖，这将给云南带来更多的商机……"

"站里一直想宣传和姐的事迹，但她总是在忙。本来还想等她执行完第二次维和任务回国后好好总结一下她的事迹的，没想到……"昆明边防检查站宣传干事梁靖雯语气凄楚地告诉记者。

（摘自《人民公安报》，2010年1月18日）

铿锵玫瑰别样红

——追记中国第八支赴海地维和警察防暴队联络官和志虹

刘广雄　杨玺　谢丽勋　张宁　李燕飞　范玉泉

　　她，是一位普通的纳西族女性，是一名普通的基层警官。

　　她的一身铁骨让犯罪嫌疑人服捕息怨，一腔柔情点燃孩子、丈夫、父母、战友爱的希望。她，头顶蓝盔，把自己的青春献给了全人类的和平事业。

　　翻开她的维和日记，"于历史长河，我也许只是一滴水珠，但我也要以水珠的执著，追寻生命的浪花；于苍穹社会，我也许只是一棵小草，但我也要以小草的方式，向春天展现生命的绿色；于大千世界，我也许只是一根羽毛，但我也要以羽毛的方式，承载和平的心愿。"

"我要以小草的方式，向春天展示生命的绿色"

　　和志虹，作为纳西族优秀的大学生，英语特别好。大学毕业后她选择了云南边防总队，来到昆明边防检查站当了一名普通的检查员。有同学问她，外语那么好，赚钱多容易，何必选择在这种地方过如此枯燥又清苦的日子。爱笑的和志虹说："你们不懂，守卫国门多神圣啊。"她在日记中写道：于苍穹社会，我也许只是一棵小草，但我也要以小草的方式，向春天展现生命的绿色。

　　她在检查员的岗位上一干就是十一年，这十一年间加过多少次班她不记得了，但战友们都记得她的认真、她的执著。十一年她在工作上没有出过任何差错，而且还同战友们一起查获了多起偷渡案件。

　　2006年2月15日，和志虹在对缅甸仰光至昆明的航班进行例行入境检查时，发现两名持某国护照的外籍旅客眼神慌乱，神色可疑。一眼就断定两名旅客有问题，于是她将情况报告带班站领导，后来通过 X 光透视发现两人体内有可疑物。在证据面前，两人不得不承认了体内携带有毒品的犯罪事实，并分别从体内排出精制海洛因 680 克、670 克，共计 1350 克。

2008 年 9 月 15 日，刚从海地回来的和志虹在对达卡至昆明航班进行入境检查时，发现有 10 名持马来西亚护照的旅客并没有马来西亚人的特征，反而孟加拉国人的特征比较明显。于是和志虹对其所持护照进行仔细查验，发现所持护照也有疑点。和志虹及时将这 10 本护照送往站证照研究中心进行进一步检测，经过认真比对，确认了 9 名人员所持的马来西亚签证系属伪造，1 人具有组织偷渡活动嫌疑。

据昆明边防检查站介绍，入伍 12 年来，和志虹共查获偷渡案件 50 余起，抓获偷渡嫌疑人 80 余名，查获毒品案 1 起，抓获贩毒嫌疑人 2 名，查获在控案 26 起，先后出色地完成了 1999 年的世博会、GMS 会议、东盟论坛、昆交会、旅交会等大型国际会议的边防检查及安全保卫任务。

和志虹不仅仅是令犯罪分子闻风丧胆的国门卫士，同时也是群众眼中的贴心人。2004 年 4 月 13 日，和志虹在口岸负责台外引导工作，正当她笑迎旅客，以标准规范的手势引导旅客办理入境手续时，一位手臂受伤的老太太在其亲人的扶携下进入了她的视线。和志虹立即迎了上去，询问情况，当得知这位老太太手臂受伤，行动不便，在飞行途中身体不适的情况后，立即热情地将老太太搀扶到休息室，端上茶水，让其休息，自己跑前跑后为老太太及亲人办理入境手续。在和志虹的热情帮助下很快办完手续，经过休息后，老太太的身体也得到了恢复，千恩万谢地离开了机场。老太太的女儿回到住处后，替母亲写了一封感谢信，传真到执勤口岸。信中写道："我是一位缅甸华人，我很荣幸三次得到你的服务，我感觉你比亲闺女还要亲。"

"没有这段难忘的经历，真的不知道和平有多么可贵！"

2007 年 3 月，和志虹得知中国第六支赴海地维和警察防暴队由云南省公安边防总队组队出征的消息后，思潮起伏，心绪难平。

"在家只能照顾一个孩子，如果参加防暴队执行国际维和任务，为世界和平尽一份力，可能会有更多的孩子得到安宁，甚至获取生命"。丢下 1 岁的孩子和年迈的父母，和志虹毅然选择参加防暴队出征海地。

2007 年 11 月 28 日，和志虹作为第六支防暴队的先遣队员赶赴海地任务区，并担任联络官兼女兵小队小队长、党总支委员。到达任务区后她争分夺秒了解任务区联海团框架、运作方式等，尽快适应新环境，熟悉新情况，与第五支防暴队做好各项交接工作，为大部队抵达海地顺利开展工作打下了良好基础。

"刚到海地的一个多月，我们住的是临时营地，睡地铺，条件非常差，一直吃野战食品，刚开始还觉得很香，可是每天都吃一样的饭，再好吃也会吃腻，到后来吃得人一看见那些东西就想吐。在临时营地，洗澡、上厕所也是个大问题，海地气温一般都在35℃左右，那里又缺水，所以我们洗澡很快，2分钟搞定，最多也不超过10分钟。因为大家都受过训练，各方面素质也好，所以我们比较快地适应了那里的环境。50多天后，营地确定在海地首都太子港附近的一个工业园区，我们这125个维和警察就分成3队，其中一队的任务就是建设营地。20天的时间，我们用从国内带来的材料，把一个原先满是工业垃圾的废弃厂房建成了一个条件相当不错的营地，很多其他国家维和部队的人都不敢相信。"这是她第一次维和回国时对笔者说的。

海地工作环境比较危险，随时会有人放冷枪。2008年8月20日第一次维和回国的和志虹对笔者讲，一天晚上大家正在睡觉，突然"砰"的一声，所有人都惊醒了，后来才知道是当地一个武装团伙放的冷枪。所以只要出去值勤，都得穿上15公斤重的防弹衣，"捂得人满身痱子！"她幽默地说。当问她那么危险，有没有怕过时，她莞尔一笑："在海地的半年，我的心态一直很好，加上本来就是当兵见得也多，所以没有过分紧张和担心。"

她刚到海地不久就发生了一次严重的大规模暴力骚乱。和志虹对这段最危险的经历记忆犹新。

"海地时间2007年10月7日下午13时36分，暴力游行人群开始往营区里冲，朝营区里扔石块，紧接着营区的3个哨位同时遭枪击，由于有防弹玻璃掩护，哨兵才幸免于难。"和志虹回忆道，当时情况十分危急，维和队员在营区内也穿上了防弹衣、戴上了头盔。面对此种局势，队领导果断决定于当晚修建防御工事。考虑到是女同志，领导决定让和志虹留守，可她主动请缨，与战友们一起趁着夜色修筑工事。

此后30多个小时，和志虹一直连轴转，监听无线电台，尽一切可能与当地人沟通，及时翻译提供局域网、互联网上关于安全形势分析的各种信息和情报，为防暴队负责人及时掌握第一手材料，准确判断形势，制定勤务方案提供了依据。

由于长年战乱，海地全国80%以上的农业土地荒废，加上当地人的饮食习惯，海地新鲜蔬菜供应极度匮乏。"在海地3个青椒的售价换算成人民币需145元钱。"和志虹说，除正常执行维和任务外，队员们又多了一项"开垦任务"。

由于营地内都是盐碱地，队员们从附近山上挖来土壤铺好，用从国内带来的菜籽自己种菜。和志虹可是队里的种菜能手。"刚开始我们着急吃上新鲜蔬菜，种的大多是小白菜、芸豆等成熟快的蔬菜。后来，我们也种上了茄子。任务结束前，终于让大伙儿在异国他乡也吃上了茄子。"说起种菜，和志虹面带微笑。

海地天气炎热，滋生了大量的蚊虫，加剧了疾病的传播，当地登革热、疟疾等疫病流行。种种困难都没把和志虹吓倒，但提到服用预防疟疾的药物时，和志虹却连连摇头。原来，服用这种药物一段时间后，人会头痛欲裂，而且意识不清，反应迟钝。和志虹说："作为执勤官，我每天的工作量都很大，有时还要随领导出行担负翻译任务，如果我意识不清反应迟钝，还怎么完成任务呢？"所以，每次服用这种药物的时候，和志虹都会把服药时间与值班时间错开，从不因此影响工作，在她心里，工作胜于一切。

在经历了生与死、血与火的考验后，和志虹后来在日记里写道："没有这段难忘的经历，真的不知道和平有多么可贵！"

"我早就把自己托付给了祖国，即便是第二次、第三次维和，只要祖国召唤我义无反顾……"

2009年6月13日，和志虹和战友们第二次来到了海地。

防暴队6名女兵一直是队里的亮点，女同志们活泼开朗、团结向上、顽强拼搏，被称为中国的"六朵金花"。作为女兵班的班长，老大姐，队员们都亲切地称她为"和班"。她带领全体女同志在炎炎的烈日下，身着25公斤重的防弹衣、头盔及相关装具，在训练场上与男队员一道摸爬滚打，刻苦训练，汗水一遍遍打湿了衣裳，身上经常摔得青一块、紫一块却毫无怨言，因为她们心中随时都牢记着"不辱使命、为国争光"的誓言。身边的人看了都会忍不住感叹，"真是，巾帼不让须眉！"

第二次到达任务区，就有10名海地学生多次来到中国防暴队营地，请求教授汉语。在防暴队党总支的支持下，由和志虹负责，办公室5名执勤官担任教员，在营区办起了汉语学习班。为保证学习班的顺利开展，和志虹与每位学生认真交流，提前掌握每位学生的详细情况；同时精心拟订切实可行的教学计划，由各位执勤官教授汉语言感性认识课、汉语拼音课、笔画学习等7门课程。每周日下午，防暴队营地总能听到海地学生朗朗的读书声。海地学生的勤奋好学与中国老师的耐心教授，很快建立了深厚的友谊。每次课程结束，学生们都与老师们依依不舍，下午四点半结束的课程经常都会延长到五点或五点半。记得四月份海地暴乱期以后学生们来上课，他们是那样地专注，当和志虹像往常那样为学生们递上酸奶解渴时，海地大学生乔依含着热泪说道："尊敬的和老师，我们国家刚刚又经历了动乱，我们见到了太多的罪恶，今天在中国防暴队营区，我们从内心深处感受到真情，是这段时间里最快乐的一天。谢谢中国老师，我们每个人都坚定了学习汉语的决心。"离开中国防暴队营地时，学生们再次齐声唱响了当地传统民歌以表谢意。

中国防暴队营地的整洁有序，队员们的专业素质与敬业精神一直以来深受联海团各个部门及每支部队的高度赞誉，因此来我营地参观学习的代表团很多。作为联络官及政委的翻译，每次外宾或友邻部队来访都是和志虹最忙碌的时候。除了确定来访的时间及人数，制定接待方案请领导审核，和志虹还负责接待室的物资供应与管理，来宾到达前必须准备好相关茶水与物品。为了保证客人来访时做好相关翻译工作，和志虹每天坚持学习，特别加强英语口译能力，收集相关材料，较好地完成每一项翻译任务，得到了外宾们一致好评。

2009年12月，有一名女队员身体不适，住进了阿根廷医院。她主动请缨前去照料，每天除了日常工作，来回四次奔波于医院与营区，为生病的姐妹洗衣送饭，并鼓励她战胜病痛。两周以后，她感染上同样的疾病，持续发高烧，眼球肿胀得像小桃。躺在防暴队医务室的病床上，她急得难以入眠。她担心的并不是染上无法确诊的热带病毒，而是想到办公室任务重，自己又因病全休，给其他同志增加了负担。病情稍有好转，和志虹就不断请求政委让自己重回岗位；每天输完液，她都在病床上坚持学习，收集联合国新闻及温习专业词汇。

在那段非常时期，和志虹的亲人也经受着病痛折磨。她爱人患上了肾结石；老公公因骨质增生行动不便而无人照顾；她刚满四岁的儿子在丽江老家父母身边也是小病不断。面对这些，远在海地的和志虹默默给自己鼓气，无论发生什么一定要坚强。每天在电话里，和志虹总是高高兴兴地说话，让家人放心，自己在海地一切都好。她母亲提出想念女儿，想跟往常那样在电脑上视频，和志虹哪里敢让患高血压和糖尿病的母亲看到自己肿胀的眼睛，所以笑着跟母亲说我们这里现在网络有问题，等恢复正常再与家里联系。然而，就是"网络问题"使和志虹没有通过视频见上远在云南丽江的父母最后一面。

"5·12"汶川大地震发生后，她自己带头向灾区捐献了100美元津贴，并通过互联网发动在国内的家人积极参与捐款，在她的发动下，丈夫及家人共向灾区捐款10000余元人民币，为灾区人民送上了一份爱心和温情。然而，就是这样一位有爱心、有责任心的女警官，在海地强震中，永远倒在了工作岗位上，把自己年轻的生命留在了维护世界和平的旅程上，忠魂不泯，浩气长存！

（摘自《边防警察报》，2010年1月19日）

附录：在海地罹难的八位维和警察简历与生平

朱晓平同志简历生平

朱晓平同志简历

朱晓平，男，汉族，1962年3月生，上海市人，1984年6月加入中国共产党，1984年8月参加工作，大学本科学历，一级警监警衔。

1980年9月至1984年8月在中国政法大学法律系学习，毕业后到公安部工作，历任公安部主任科员、副处长、处长。1998年12月任公安部港澳台事务办公室副主任（副局级），2006年1月任中央人民政府驻香港特别行政区联络办公室警务联络部部长，2009年3月任公安部装备财务局局长。

朱晓平同志生平

中国共产党的优秀党员，忠诚的人民公安卫士，公安部装备财务局局长朱晓平同志，肩负国家使命，在海地执行国际维和任务的过程中突遇地震，于北京时间2010年1月13日壮烈牺牲，终年48岁。

朱晓平同志，男，汉族，1962年3月生，上海川沙人。1975年4月至1980年7月就读于北京市曙光中学，善于思考，勤于学习，心地善良，富于正义。1980年4月，与哥哥一起勇擒一名盗窃分子，被北京市委、市政府授予"首都整顿治安积极分子标兵"荣誉称号。同年9月，朱晓平同志考入中国政法大学法律系。1984年6月在政法大学光荣地加入中国共产党。

1984年9月，朱晓平同志大学毕业后到公安部一局工作，先后任一局五处科员、副主任科员、主任科员，公安部办公厅秘书处主任科员、一局办公室副主任、调研处处长。他立志人民公安事业，工作认真负责，克己奉公，勤奋敬业，不断提高自身业务能力和工作水平。在主持一局办公室工作期间，表现出了很强的组织协调能力和调研能力，组织和独立完成了许多有价值的业务专题报告。1998年1月，朱晓平同志任公安部港澳台事务办公室处长，同年12月任港澳台事务办公室副主任（副局级）。他坚定地贯彻执行党中央和公安部党委关于港澳工作的方针政策和一系列指示精神，积极协调组织做好公安机关迎接香港、澳门回归的各项准备工作，并在一系列港澳回归、周年庆典和香港《财富论坛》年会等重大活动安全保卫工作中发挥了重要作用。

2001年7月，朱晓平同志任公安部一局副局长。他在"上海合作组织"框架下，认真贯彻部党委的部署要求，积极开拓打击"三股势力"的国际警务合作新局面，通过多种渠道加强与中亚国家的警务交流合作，推动公安部与中亚五国对口部门签署了合作打击"三股势力"的双边协定。在筹建上海合作组织地区反恐怖机构工作中，朱晓平同志多次担任中方代表团团长，以维护大局、灵活有度的独特风格参加多边谈判，积极做好有关各方的联系沟通工作，付出了巨大的心血和努力，为维护国家安全利益作出了突出贡献。

2006年1月，朱晓平同志任中央人民政府驻香港特别行政区联络办公室警务联络部部长（正局级）。他牢固树立、认真落实科学发展观，紧紧围绕党和国家工作大局，坚持"一国两制"方针，深入领会香港《基本法》和中央对港工作的各项方针政策，在香港特殊的环境下把握大局，沉着冷静，展现了其有胆有识的硬朗作风。通过座谈会晤、信息交流、警务培训等多种形式积极推动内地公安机关与香港纪律部队的交流合作，促进双方不断增进了解、加深感情，健全完善各项工作机制，迅速沟通香港各界，采取联合打击跨境犯罪等有力措施，为维护香港、内地社会治安与繁荣稳定作出了积极贡献。2008年，被中央人民政府驻香港特别行政区联络办公室荣记个人二等功。

2009年3月，朱晓平调任公安部装备财务局局长。他带领和团结班子全体成员，准确把握公安部党委和全国公安队伍对装备财务部门提出的新要求，自觉把装备财务工作置于公安工作大局中来谋划，形成了当前条件下公安装备财务"建设、服务、保障、管理、监督"新的工作思路，很快打开了工作局面。他带领全体干部，积极开拓进取，深入调查研究，广泛借鉴国外先进经验，不断提高装备财务部门的保障和服务水平。他大力推动公安经费保障制度改革，不断加强政策研究，健全管理制度，强化督导检查，尤其是推进了资金信息公开透明，确保资金足额、及时落实到基层，加强了中央资金基础性和长远性的管理。他注重加强基层公安机关装备建设，着力提高装备财务部门的应急保障能力。新疆乌鲁木齐"7·5"事件发生后，他与同志们一起，第一时间拨付经费，紧急调拨各类应急装备物资，并多次率队赴新疆开展维稳保障工作情况调研，深入分析公安装备保障中存在的问题和不足，及时研究提出改进措施，在新疆乌鲁木齐"7·5"事件的处置善后过程中，他始终坚守岗位，关注细节，果断决策，坚定有序地完成了上级交给的重要任务。

朱晓平同志在不同的领导岗位上，都高度重视和加强本系统干部队伍建设，从政治、业务等多个方面关心爱护干部，创新管理模式，积极推动干部队伍教育、管理的长效机制，取得了较好的成效。从他精彩的生命中看到一条忠诚、正直、坚毅、沉稳，以及宽厚、豁朗、廉洁、务实的成长轨迹。

朱晓平同志参加工作以来，始终战斗在公安战线，忠于党、忠于祖国、忠于人民、忠于法律，热爱公安事业；他坚决拥护和贯彻执行党的路线方针政策，政治立场坚定，有很强的党性观念和组织领导能力；他求真务实，锐意进取，严谨细致，清正廉洁，自觉遵守党的各项纪律，从不计较个人的名利得失；他作风朴实，公道正派，豁达宽厚，团结同志，充分体现了一名优秀共产党员的高尚情操。

朱晓平烈士永垂不朽！

郭宝山同志简历生平

郭宝山同志简历

郭宝山，男，满族，1950 年 7 月生，辽宁北镇人，1969 年 11 月加入中国共产党，1969 年 2 月参加工作，大学普通班学历，二级警监警衔。

1969 年 2 月参加中国人民解放军，任黑龙江省军区战士，1970 年 8 月至 1974 年 4 月在北京大学东语系学习，1974 年 4 月起任辽宁省军区排长，海军某部参谋、翻译，1985 年 3 月至 1986 年 2 月在苏州大学外语系日语专业进修，1988 年 2 月转业到公安部工作，历任公安部外事局主任科员、副处长、处长，2002 年 2 月任公安部外事局助理巡视员，2004 年 9 月任公安部外事局副局长，2005 年 10 月任公安部国际合作局副局长。

郭宝山同志生平

中国共产党的优秀党员，忠诚的人民公安卫士，资深的公安维和专家，公安部国际合作局副局长郭宝山同志，肩负国家使命，在海地执行国际维和任务的过程中突遇地震，于北京时间 2010 年 1 月 13 日壮烈牺牲，终年 60 岁。

　　郭宝山同志，男，满族，1950年7月生，辽宁北镇人。1969年2月于黑龙江省军区参军入伍，同年11月光荣地加入中国共产党。他政治上积极要求进步，刻苦参加军事训练，各方面表现优秀。1970年8月到1974年1月，郭宝山同志被组织上选派到北京大学东语系学习朝鲜语。他学习刻苦，成绩优良，很快掌握了朝鲜语的笔译和口译技能。1978年10月，郭宝山同志调入海军某部，从事翻译工作十年之久，他工作积极主动，尽职尽责，勤于学习，肯于吃苦，自觉提高翻译业务水平，多次参与重大外交活动的口译、笔译工作，担任国家领导人和军内外高级领导干部的高翻，并翻译发表了大量外文资料，多次立功获奖，得到领导和同志们的高度评价，并被有关友好国家授予勋章。

　　1988年2月，郭宝山同志转业到公安部，任外事局亚非处主任科员，1991年4月任副处长，1996年4月任处长。他工作兢兢业业，任劳任怨，努力克服本处人手少、工作任务繁重等困难，既当指挥员，又当战斗员，经常加班加点，圆满完成了许多重要团组的来访接待、出访工作安排，为促进中外双边警务执法合作作出了积极贡献。1998年9月，郭宝山同志任公安部外事局警务合作处处长，他认真贯彻落实部、局领导的各项指示精神，着力推进我与亚非国家尤其是"东盟"国家的警务交流与合作，签署了一系列双边合作文件，有效地巩固和加强了我与周边国家的执法合作关系。

　　2002年2月，郭宝山同志任公安部外事局助理巡视员，2004年9月任公安部外事局副局长，2005年10月任公安部国际合作局副局长，负责维和警察事务、警务合作和外派警务联络官等方面的工作，是优秀的公安外事工作领导干部。他认真学习、深刻领会国家外交方针政策，紧密结合公安机关国际执法合作工作实际，创造性地开展工作。他大力推进外派维和警察工作，加强维和警察在任务区的管理和指导，参与并圆满完成了维和警察防暴队的组建、培训和多次派遣、轮换任务，通过维和这个窗口树立中国警察的良好形象，展示中国作为安理会常任理事国的重要作用和影响，为我对外工作积累了宝贵的政治和外交资源。他积极推动建立警务联络官遴选和外派工作机制，多次组织全国公安机关外派警务联络官外语水平考试，加强人才储备库建设，规范外派人员选拔、培训、实习、管理等程序规定，从制度上保证了派出人员的政治和业务素质。在公安部党委的坚强领导下，通过郭宝山等同志的直接指导和推动，我驻外警务联络机构初具规模，基本构建起务实高效的境外执法合作网络，在打击跨国犯罪、开展境外追逃以及保护在外中国公民和机构合法权益等方面发挥了重要作用。他还亲自参与处置了数十起我境外公民和机构遭受侵害案件，部署、指导我驻外警务联络官、维和警察处置了上百起我境外公民遭绑架、抢劫、杀害等案件，在保护境外中国公民和机构安全方面作出了重要贡献。

158

　　郭宝山同志参加工作40年来，始终忠于党、忠于祖国、忠于人民、忠于法律，热爱公安事业，坚决拥护和贯彻执行党的路线方针政策。他政治立场坚定，有很强的党性观念和组织领导能力；他严格遵守组织纪律和外事纪律，事业心、责任感很强，忠诚积极，勤奋敬业，恪尽职守，踏实肯干，任劳任怨，从不计较个人名利得失；他谦虚谨慎，作风正派，清正廉洁，严于律己，宽以待人，诚实守信，总是热情真诚地对待和帮助同志，深受领导和同志们的好评。在即将到达退休年龄时，他仍然壮心不已，心系公安事业与维和干部战士的安危，一如既往地忘我工作，充分体现了一名优秀共产党员的高尚情操。

　　郭宝山烈士永垂不朽！

王树林同志简历生平

王树林同志简历

王树林，男，汉族，1952年10月生，北京市人，1983年10月加入中国共产党，1969年9月参加工作，大学普通班学历，三级警监警衔。

1969年9月赴黑龙江生产建设兵团插队，1974年9月至1978年1月在清华大学精密仪器系学习，毕业后到清华大学建筑工程系、土木与环境工程系任教，1980年9月调公安部工作，历任计划财务局物资处副科长、主任科员，计划装备司装备处副处长、装备财务局物资警械处副处长，1996年3月至1997年8月到山东省烟台市公安局挂职锻炼，任牟平分局副局长。2000年3月任公安部装备财务局调研员。

王树林同志生平

中国共产党的优秀党员，忠诚的人民公安卫士，公安部装备财务局调研员王树林同志，肩负国家使命，在海地执行国际维和任务的过程中突遇地震，于北京时间2010年1月13日壮烈牺牲，终年58岁。

王树林同志，男，汉族，1952年10月生，北京市人，1969年9月赴黑龙江生产建设兵团参加工作，1974年9月到清华大学精密仪器系学习，他勤奋刻苦，肯于思考，学习成绩优良，1978年1月毕业时服从组织分配，留校从事教学工作。

1980年9月王树林同志调公安部工作后，历任计划财务局物资处副科长、综合局物资处主任科员，1983年10月光荣地加入中国共产党，1992年2月至2000年3月，王树林同志先后任公安部计划装备司物资处副处长、装备处副处长、计划财务司物资处副处长、装备财务局物资警械处副处长，并于1998年至2000年3月牵头负责物资警械处工作。在工作中，他牢固树立为公安业务工作服务、为基层公安机关服务的思想，以精湛过硬的业务技能和顽强拼搏的优良作风，出色完成了各项公安警用武器装备和物资的后勤保障任务，为公安装备现代化建设作出了突出贡献，得到了上级领导和基层公安机关的一致肯定。其间，于1996年3月至1997年8月到山东省烟台市公安局挂职锻炼，任牟平分局副局长。他积极投入到基层公安实践工作中，并在深入调查研究的基础上，提出了改进当地公安工作和公安队伍建设的多项合理化建议，为推动分局整体工作迈上新台阶发挥了积极作用。

2000年3月，王树林同志提任公安部装备财务局调研员。他时刻牢记自己是一名共产党员，是处里的老同志，忠于职守，无私奉献，处处注意为年轻干部作出表率。2003年在防治"非典"工作中，他具体负责全国公安机关"非典"防护用品的保障供应工作，努力克服各种困难，通过多种渠道向国家权威部门及生产企业咨询技术标准，及时组织专家力量研究确定适合一线值勤民警穿用的防护样服，较好地完成了全国公安机关"非典"防护物资的调拨供应任务，同年7月被评为公安部直属机关防治"非典"工作优秀共产党员，并荣立个人三等功。

王树林同志工作勤奋敬业，吃苦耐劳，尽管身患严重心脏病，仍以高度的敬业精神和忘我的工作热情，雷厉风行地完成了多项繁重艰巨的专项任务。2005年至2006年，他积极参与中央补助中西部基层公安机关两万辆警务用车的调配工作，认真听取各地公安机关对车型选择的意见，多次到工厂进行实地调研，并与销售商反复进行谈判，确保采购车辆质优价廉，取得了明显的工作成效。2008年，他先后参与了抗击冰雪灾害、抗震救灾应急物资调运工作。特别是在奥运安保工作中，他始终坚持战斗在一线，24小时与仓库保持联系，亲自检查仓库安全保卫措施，出色地完成了相关物资装备的保障工作。2006年4月荣立个人三等功，2008年10月荣获嘉奖，2009年度被评为优秀公务员。

王树林同志从警30年来，始终忠于党、忠于祖国、忠于人民、忠于法律，热爱公安事业，坚决拥护和贯彻执行党的路线方针政策。他爱岗敬业，积极主动地做好组织分配的每一项工作任务，用自己的满腔热情和慷慨真诚激励、鼓舞身边的同志团结合作、奋发向上。他为人正直，待人诚恳，组织纪律观念强，敢于开展批评和自我批评。他坚持廉洁自律，自觉抵制社会不良风气，关心社会公益，不计较个人得失，充分体现了一名优秀共产党员的高尚情操。

　　王树林烈士永垂不朽！

李晓明同志简历生平

李晓明同志简历

李晓明，男，汉族，1975年4月出生，河南沈丘人，大学本科学历，1995年3月加入中国共产党，1997年8月参加工作，一级警司警衔。

1993年9月至1997年8月在解放军外国语学院英语专业学习，毕业后在河南省项城市公安局工作，2001年10月至2002年10月，被公安部派往联合国东帝汶过渡行政当局执行维和任务，任中国维和警队副队长，后升任联合国东帝汶警察司令部战略计划局副主管。2004年9月调公安部国际合作局维和警察工作处工作，2007年9月任主任科员。2008年9月至2009年9月曾在英国华威大学国际关系专业学习。

李晓明同志生平

中国共产党的优秀党员，忠诚的人民公安卫士，公安部国际合作局维和警察工作处主任科员李晓明同志，肩负国家使命，在海地执行国际维和任务的过程中突遇地震，于北京时间2010年1月13日壮烈牺牲，终年35岁。

李晓明同志，男，汉族，1975年4月生，河南沈丘人。1993年9月，他以优异成绩考入解放军外国语学院英语专业学习。在校期间，他学习刻苦，成绩优秀，熟练掌握了英语听说读写技能，并具备了一定的日语交流水平。他尊敬老师，团结同学，关心集体，积极参与学院和班级开展的各项活动，多次被学院评为"优秀学生干部"、"优秀团干部"。他政治上积极要求进步，并于1995年3月光荣地加入中国共产党。

1997年8月大学毕业后，李晓明同志分配到河南省项城市公安局办公室工作，成为一名光荣的人民警察。他勤奋敬业，踏实肯干，办事认真细致，很好地完成了领导交办的各项任务。1998年、1999年连续两年在公务员年度考核中被评为优秀等次。2001年10月至2002年10月，他被公安部选派赴联合国东帝汶过渡行政当局执行维和任务。作为中国维和警队副队长，他严格遵守各项规章制度和外事纪律，对内忠实地履行领导职责，对外积极展示中国警察良好形象。因工作表现突出，很快升任联合国东帝汶警察司令部战略计划局副主管。他敢于面对困难，善于学习总结，坚持边探索、边实践，参与了多项大型警务活动计划的制定和部署，编写了多项警务法规和标准作业程序，为建立东帝汶警察司法体系发挥了积极作用，受到联合国维和警察总警监的嘉奖表彰，并荣获联合国和平一级勋章。

2004年9月，李晓明同志调到公安部工作，历任公安部国际合作局维和警察工作处副主任科员、主任科员。在新的工作岗位上，他认真贯彻落实部局领导关于公安维和工作的一系列指示精神，虚心向同志们学习，注意发挥自身优势，经常加班加点，对领导交办的各项任务都精心准备、细心安排、认真落实，为推动中国维和警察工作发挥了积极作用。近年来，他先后参与指导维和警察培训以及联合国甄选评估前集训工作，组织举办了多期维和警察选拔考试和培训班，协调选派合格民警赴联合国任务区执行维和任务，先后参与组织向东帝汶、科索沃、苏丹、海地等7个任务区派遣维和警察和防暴队千余人次，就维和警察派遣、管理等事宜加强与联合国总部及任务区总部的沟通和协调，为保障我任务区维和工作顺利开展作出了重要贡献，得到了领导和同志们的一致好评。2008年北京奥运会期间，在被抽调到北京奥组委火炬传递运行团后，他不辞劳苦，不畏艰辛，奔赴19个国家保障火炬传递，积极联络外方有关部门，参与协调妥善处置了多起突发事件，并向北京奥组委指挥中心、公安部奥运办及时报送了大量情况信息。因表现优秀，他先后荣立个人二等功一次，获得嘉奖两次。

李晓明同志忠于党、忠于祖国、忠于人民、忠于法律，热爱公安事业，坚决拥护和贯彻执行党的路线方针政策。他性格开朗，思维敏锐，作风朴实，为人正直，待人诚恳，乐观向上，深受领导和同志们的好评。他是公安部机关一名具有较大发展潜力的好干部，更是一名忠于职守、勇于奉献的优秀人民警察。李晓明同志的生命虽然短暂，但他以一名人民警察高度的事业心和责任感，以对党、对人民、对公安维和事业的无限忠诚，谱写了一曲壮丽的人生乐章。

李晓明烈士永垂不朽！

赵化宇同志简历生平

赵化宇同志简历

赵化宇，男，汉族，1972年5月生，河南辉县人，1994年5月加入中国共产党，1994年8月参加工作，硕士研究生学历，二级警督警衔。

1990年9月至1994年8月在重庆大学机械工程一系学习，毕业后到河南省新乡市化纤厂工作，1996年9月至1999年7月在西南政法大学研究生部学习，毕业后到公安部工作，历任装备财务局政府采购办公室主任科员、副主任，警务保障局政府采购工作处副处长，2007年3月至2009年4月到湖北省孝感市公安局挂职锻炼，任孝南分局副局长，2009年9月至今任中国第七支驻海地维和警队队长。

赵化宇同志生平

中国共产党的优秀党员，忠诚的人民公安卫士，公安部警务保障局政府采购工作处副处长、中国第七支驻海地维和警队队长赵化宇同志，肩负国家使命，在海地执行国际维和任务的过程中突遇地震，于北京时间2010年1月13日壮烈牺牲，终年38岁。

赵化宇同志，男，汉族，1972年5月生，河南辉县人，1994年5月光荣地加入中国共产党。1990年9月至1994年8月，在重庆大学机械工程一系学习，毕业后分配到河南省新乡市化纤厂工作。1996年9月考入西南政法大学攻读法律硕士，他勤奋好学，成绩优秀，积极参加课外活动，曾担任西南政法大学研究生部党支部宣传委员，各方面表现突出，得到在校老师和同学们的一致好评，1999年被评为西南政法大学校级优良毕业生。

1999年7月，赵化宇同志考录到公安部工作，历任装备财务局政府采购办公室副主任科员、主任科员，2003年11月任公安部装备财务局政府采购办公室副主任，2008年12月任公安部警务保障局政府采购工作处副处长。他工作兢兢业业，事业心和责任感强，敢于坚持原则，在政府采购工作中能够严格按照规章制度办事，圆满完成了多个重大项目的采购任务，在确保质量的同时有效提高了资金的使用效率。2004年6月，具体承办公安部首次赴海地维和警察防暴队装备物资的采购工作，时间紧迫，任务重大，他积极克服爱人怀孕需要照顾等家庭困难，经常加班加点通宵工作，长途跋涉数万公里对物资装备厂家进行考察，历时130多天采购运输了56万余件、800吨物资到海地首都太子港，并远赴海地跟踪服务，与维和警察同甘共苦，为做好海地维和警察防暴队的后勤保障工作发挥了重要作用，并于2005年7月荣立个人三等功。

2007年3月至2009年4月，组织选派赵化宇同志到湖北省孝感市公安局挂职锻炼，任孝南分局副局长。他深入基层进行公安机关经费保障体制调研，协助开展社会矛盾纠纷化解工作，与人民群众心贴心，主持解决了多个信访纠纷案件。他认真组织奥运安保治安检查工作，为维护社会治安稳定作出了积极努力，2008年被评为湖北省公安系统奥运安保工作先进个人，2009年1月荣立个人三等功。

2009年9月，赵化宇同志担任中国第七支驻海地维和警队队长。他坚持以身作则，带领全体队员迅速适应陌生危险的工作环境，积极与联合国驻海地稳定特派团高层建立良好的沟通关系，经过多次努力，为队员们争取到了适合的工作岗位。他注意发挥临时党支部的战斗堡垒作用，严肃警队纪律，加强内部管理，耐心细致地做好思想政治工作，有效提升了警队的战斗力和凝聚力。特别是在身染登革热高烧不退、多处皮下出血的危急情况下，仍不忘关心过问队友的生活和安全，推动全队上下团结一心，出色地完成了联合国分配的维和任务，树立了中国警察的良好形象，得到了联合国驻海地维和部门主管的高度评价。

赵化宇同志参加工作以来，始终忠于党、忠于祖国、忠于人民、忠于法律，热爱公安事业，坚决拥护和贯彻执行党的路线方针政策，在思想上、行动上自觉与党中央保持一致。他工作认真负责，踏实肯干，勤勤恳恳，无私奉献，从不计较个人得失。他为人正派，待人谦和，关心集体，乐于助人，坚持廉洁自律，作风严谨朴实，用自己的实际行动践行了人民警察的神圣使命和光荣职责。

赵化宇烈士永垂不朽！

李钦同志简历生平

李钦同志简历

李钦，男，汉族，1963年6月生，云南蒙自人，1980年11月入伍，1985年2月加入中国共产党，大学本科学历。云南省公安边防总队司令部副师职参谋长，武警大校警衔。

历任云南省军区边防团战士，昆明陆军学院外语训练大队学员、干部、教员，1987年12月调入云南省公安边防总队红河边防支队任副连职参谋，1990年10月起任云南省公安边防总队司令部调研处参谋、技术11级翻译和边防处副处长、处长，2001年7月任昆明边防学校边境管理学员大队大队长，2002年6月任云南省公安边防总队红河边防支队副支队长兼河口边防大队大队长，2003年4月起先后任云南省公安边防总队司令部副参谋长、参谋长，2007年12月至2008年8月、2009年6月至今分别担任中国第六支、第八支赴海地维和警察防暴队政治委员、党总支书记。

李钦同志生平

中国共产党的优秀党员，忠诚的人民公安卫士，云南省公安边防总队参谋长、中国第八支赴海地维和警察防暴队政治委员、党总支书记李钦同志，肩负国家使命，在海地执行国际维和任务时，突遇强烈地震，于北京时间2010年1月13日壮烈牺牲，终年47岁。

李钦同志，男，汉族，1963年6月出生，云南蒙自人，1980年11月入伍。1982年9月考入昆明陆军学院外语大队越南语专业，学习期间因专业成绩突出，被派往老山前线担任翻译，经历了战火考验。1987年12月至1990年9月，在云南省公安边防总队红河支队工作，先后参与处置缅甸毒枭杨茂贤，收集缅甸果敢同盟军内讧交战情报，侦破多起偷渡案及"1991.7.19"、"1999.7.28"两起特大国际贩毒案，为维护边境社会治安秩序作出了突出贡献。1990年10月至2001年6月，先后任云南省公安边防总队司令部调研处参谋和边管处副处长、处长，认真履行职责，组织实施了中缅边境瑞丽段170公里边境整治工作，出色地完成了边境各项管理任务。2001年7月至2002年5月，任昆明边防学校边境管理大队大队长，秉承教书育人的传统，带出了一批从事边境管理工作的人才。2002年6月至2003年3月，担任红河边防支队副支队长兼河口大队大队长，在较短时间内改变了大队面貌。2003年4月至2006年1月，任总队司令部副参谋长，2006年2月提任副师职参谋长。期间，他一心扑在工作上，带领部属创造性地开展工作，为推动公安边防工作和部队建设做出了突出贡献。2005年，他作为侦办"11·02"跨国特大武装贩毒案专案组组长，带领侦察员冒着生命危险，转战泰国、缅甸、老挝等地，成功破案，缴获海洛因726千克、枪支36支。因工作成绩突出，先后荣立一、二等功各1次，三等功6次，多次被评为优秀共产党员。

2007年12月，经联合国甄选，李钦同志以过硬的军政业务素质入选中国第六支赴海地维和警察防暴队，任政治委员、党总支书记，率队圆满完成了武装巡逻、现场警卫、解救人质、重大活动保卫等各项高危勤务维和任务，被联合国授予"和平勋章"，被公安部授予"中国维和警察荣誉勋章"，防暴队集体分别被公安部和云南省政府荣记一等功。2009年6月，李钦同志再次被选派赴海地维和，他义无反顾，率队出征，不辱使命，再次出色地完成了维和任务，受到联海团官员和我驻海地商代处高度肯定。

李钦同志是公安边防部队的优秀领导干部。他政治坚定，忠诚可靠，入伍30年来，始终用实际行动践行着忠于党、忠于祖国、忠于人民、忠于法律的光辉誓言。他勤于学习，善于思考，入伍以来，始终不懈地钻研科学文化知识和业务知识，对越南语口语、文字有较高造诣，熟悉公安边防业务工作，精通部队管理，是不可多得的"边防通"。他勇于进取，善于思考，工作思路清晰，组织领导能力强，对上级交给的工作任务，能有效地把"上情"与"下情"结合起来，创造性地抓好落实。他作风务实，雷厉风行，吃苦耐劳，敢于啃"硬骨头"，遇到困难敢于叫响"跟我来"，最危险的工作他首先上，最困难的工作他亲自做，为官兵树立了榜样。他胸襟坦荡，光明磊落，对自己严格要求，真正做到了讲党性、重品行、做表率。他为人谦和，关心战友，时刻把基层官兵冷暖挂在心上，深入基层，贴近官兵，深受部队官兵拥戴。李钦同志崇高的国际主义、爱国主义精神，报效国家、献身使命的优秀品质，赴汤蹈火、顽强拼搏的战斗作风，一心为民、竭诚奉献的高尚情操，永远值得我们学习！

李钦烈士永垂不朽！

钟荐勤同志简历生平

钟荐勤同志简历

钟荐勤，男，汉族，1975 年 12 月生，江西南丰人，1993 年 12 月入伍，1999 年 5 月加入中国共产党，大学本科学历。现为云南省公安边防总队政治部宣传文化处正营职干事，武警少校警衔。

历任云南省公安边防总队红河边防支队战士、司务长，1999 年 1 月起任红河边防支队正排职检查员、河口边防大队正排职干事、老范寨公安检查站副指导员、南溪公安检查站副连职检查员，2004 年 2 月起任云南省公安边防总队政治部宣传文化处副连职干事、边防战士报社正连职干事、文化工作记者站副营职干事，2008 年 12 月任文化工作记者站正营职干事。2007 年 12 月至 2008 年 8 月、2009 年 6 月至今分别被选入中国第六支、第八支赴海地维和警察防暴队，两次赴海地执行维和任务。

钟荐勤同志生平

中国共产党的优秀党员，忠诚的人民公安卫士，云南省公安边防总队政治部正营职干事、中国第八支赴海地维和警察防暴队宣传官钟荐勤同志，肩负国家使命，在海地执行国际维和任务时，突遇强烈地震，于北京时间2010年1月13日壮烈牺牲，终年35岁。

钟荐勤同志，男，汉族，1975年12月出生，江西南丰人，1993年12月入伍到红河边防支队服役。1996年9月，钟荐勤同志以优异成绩考入公安边防部队昆明指挥学校后勤管理专业，两年学习期间取得优秀学业。1998年7月至2004年1月，先后任金水河边防检查站司务长、坝洒边防工作站检查员、河口城关边防派出所干事、河口边防大队干事、老范寨公安检查站副政治指导员、南溪公安检查站检查员等职。2004年2月，因工作成绩突出，被选调到云南省公安边防总队政治部工作。入伍16年来，他忠诚公安边防事业，注重加强政治理论学习和党性锻炼，始终以一名革命军人的标准严格要求自己，用党的先进理论指引前进方向，培育了坚定理想信念、忠诚职责使命的高尚品质。他长期坚持扎根基层、爱岗敬业，奋发进取、勇创一流，在平凡的工作岗位上取得了突出成绩，荣立三等功3次。特别是冒着生命危险全程参加"2004.11.02"特大武装贩毒案的拍摄取证工作，贡献突出，荣立个人二等功。拍摄制作的有关电视作品荣获全国法制好新闻二等奖、公安部金盾文化奖、中央电视台法治频道特别贡献奖和最佳取证奖等。

2007年6月，钟荐勤同志积极响应号召，主动报名参加由云南省公安边防总队组建的第六支赴海地维和警察防暴队，在层层选拔中脱颖而出，光荣地成为了125名正式队员中的一员，担任宣传官兼战斗小队队员。他与战友们一道，发扬"忠诚、拼搏、团结、奉献"的精神，不畏艰险，积极作为，出色地完成了武装巡逻、现场警卫、重大活动保卫等各项高危勤务及宣传任务，因成绩突出，被联合国授予"和平勋章"，被公安部授予"中国维和警察荣誉勋章"并荣立一等功。

2009年4月，公安部下达由云南省公安边防总队组建第八支赴海地维和警察防暴队的命令后，钟荐勤同志以大局为重，服从组织安排，毅然告别即将临产的妻子，没有来得及看一眼还有几天就要出生的孩子，第二次赴海地执行维和任务。在执行勤务的同时，他冒着生命危险现场拍摄了许多珍贵的图片和视频资料，采写刊发了大量反映中国防暴队执勤、战斗的新闻报道，为全面、生动展现中国维和警察威武之师、文明之师、和平之师的风采作出了突出贡献。

钟荐勤同志的生命是短暂的、高尚的、无私的、光辉的，他是为了维护世界和平而英勇献身。他的奉献精神和高尚品质，永远值得我们学习和发扬。

钟荐勤烈士永垂不朽！

和志虹同志简历生平

和志虹同志简历

和志虹，女，纳西族，1975 年 3 月生，云南丽江人，1998 年 7 月入伍，1996 年 12 月加入中国共产党，大学本科学历。云南省公安边防总队昆明边防检查站执勤业务二科政治教导员，武警少校警衔。

1998 年 7 月从云南师范大学外语系毕业后，入伍到云南省公安边防总队工作。1998 年 12 月至 1999 年 11 月任瑞丽边防检查站边检一科见习学员、检查员，1999 年 12 月起任昆明边防检查站执勤业务一科检查员、助理翻译、副科长、政治教导员，2009 年 11 月任昆明边防检查站执勤业务二科政治教导员。2007 年 12 月至 2008 年 8 月、2009 年 6 月至今分别被选入中国第六支、第八支赴海地维和警察防暴队，两次赴海地执行维和任务。

和志虹同志生平

中国共产党的优秀党员，忠诚的人民公安卫士，云南省公安边防总队昆明边防检查站执勤业务二科政治教导员、中国第八支赴海地维和警察防暴队联络官和志虹同志，肩负国家使命，在海地执行国际维和任务时，突遇强烈地震，于北京时间 2010 年 1 月 13 日壮烈牺牲，终年 35 岁。

和志虹同志，女，纳西族，1975 年 3 月出生于云南省丽江市，1994 年 9 月考入云南师范大学外语系英语教育专业。在大学期间，和志虹同志尊敬师长、团结同学，刻苦钻研，积极向上，光荣地加入了中国共产党。1998 年 7 月毕业后，入伍到云南省公安边防总队，先后担任瑞丽边防检查站边检一科见习学员、检查员，昆明边防检查站边检一科助理翻译、副科长、政治教导员，2009 年 10 月任昆明边防检查站执勤业务二科政治教导员。11 年来，凭着对边防事业的热爱和追求，凭借扎实的英语功底，她多次参与边防检查工作的会谈会晤、外语资料汇编、外国证照研究等工作，成长为边防检查工作的业务骨干和行家里手，成为边检战线的一名"尖兵"。先后参与查获偷渡案件 50 余起，抓获偷渡嫌疑人 80 余名，查获毒品案 1 起，抓获贩毒嫌疑人 2 名，有力地打击了非法出入境活动，为维护出入境口岸的安全稳定做出了积极贡献。因工作成绩突出，荣立三等功 1 次，多次被评为优秀共产党员、优秀检查员、优秀女警官、优秀基层干部，当选全国和云南省三八红旗手。

和志虹同志从小就热爱和平，向往和平，追求和平。2007 年 3 月，当得知中国第六支赴海地维和警察防暴队由云南省公安边防总队组队出征的消息后，她不顾只有 1 岁多的孩子，毅然报名参加防暴队出征海地执行维和任务。2009 年 6 月，在国家需要的时候，她再次报名出征，第二次赴海地执行维和任务。在两次执行维和任务期间，作为维和防暴队外交联络官，她始终牢记祖国和人民的重托，牢记各级领导的嘱托，大力发扬特别能战斗、特别能吃苦、特别能协作、特别能团结的精神，牢固树立大局观念，认真领悟国家外交方针政策以及中国公安在海地维和的基本职能，将理论知识与现场翻译有机结合，圆满完成了各项会晤、会谈的联络、翻译工作，充分展示了中国维和警察过硬的专业素质和良好的精神风貌，在中外维和同人中赢得了较高声誉。先后受到海地总统普雷瓦尔、联合国秘书长副代表卡罗斯、联海团防暴办主任何凌、海地太阳城市市长威尔逊等高层政要的肯定和好评。2008 年 8 月第一次维和任务结束后，因成绩突出，和志虹同志被联合国授予"和平勋章"，被公安部授予"中国维和警察荣誉勋章"，并荣立一等功。

和志虹同志是公安边防部队的优秀战士，她为了世界和平和国际维和事业献出了年轻的生命，为祖国赢得了荣誉。她的奉献精神和高尚品质，永远值得我们学习和发扬。

和志虹烈士永垂不朽！

图书在版编目（CIP）数据

共和国不会忘记：海地地震遇难中国维和警察纪念
文集 / 公安部政治部编. —北京：群众出版社 2010.1
ISBN 978－7－5014－4683－4

Ⅰ．①共… Ⅱ．①公… Ⅲ．①警察—中国—纪念文集
Ⅳ．①R828.2-53

中国版本图书馆 CIP 数据核字（2010）第 020483 号

共和国不会忘记—海地地震遇难中国维和警察纪念文集

编　　者：公安部政治部
责任编辑：张　蓉　冯京瑶　张　晔
　　　　　连玉泉　魏安莉

出版发行：群众出版社　　电话：（010）52173000 转
地　　址：北京市丰台区方庄芳星园三区 15 号楼
邮　　编：100078
网　　址：www.qzcbs.com
信　　箱：qzs@qzcbs.com
印　　刷：北京蓝空印刷厂
经　　销：新华书店

开　　本：710×1000 毫米　16 开本
字　　数：207 千字
印　　张：12
版　　次：2010 年 4 月第 1 版　　2010 年 4 月第 1 次印刷
书　　号：ISBN 978-7-5014-4683-4/Ⅰ·1911
定　　价：28.00 元